Im Dienst des Königs:

Einblicke in bewaffnete Männer

Innes Logan

Writat

Diese Ausgabe erschien im Jahr 2023

ISBN: 9789359251691

Herausgegeben von
Writat
E-Mail: info@writat.com

Inhalt

KAPITEL I

MÄNNER MUSTERN

ICH

Diese dürren, unschönen Gebäude

Das Kriegsministerium baute die Maryhill Barracks in Glasgow so, dass sie genau wie ein Gefängnis aussah, aber diese dürren, unschönen Gebäude, in denen sich unerträglich viele Männer der neuen Armee aufhielten, hatten zumindest in gewisser Weise Bezug zu dem, was anderswo geschah. Selbst in diesem ersten Kriegsmonat schien es gefühllos, die süße, klare Luft von Braemar einzuatmen oder den Blick auf die unvergleichliche Schönheit der Berge und Täler zu richten. Der graue Turm meiner Kirche, der sich anmutig zwischen den silbernen Birken und den dunklen Tannen erhob, tief in den violetten Hügeln, wies auf einen schwierigeren Weg als diesen hin. Stevenson, der hier einen Teil von *Treasure Island* schrieb, nannte es „die Wahl Schottlands", aber gerade weil es so war, sahen wir deutlicher die Qual Belgiens und die Männer unserer heldenhaften kleinen regulären Armee, die starben, um uns unantastbar zu halten .

Bis zum 10. September strömten so viele Rekruten ein, dass es schwierig war, die Situation auch nur oberflächlich zu bewältigen. An diesem Tag wurde die Fahne erhöht, und als ob eine Schleuse über einen Mühlendamm geworfen worden wäre, hörte der Bach plötzlich und vollständig auf. Ich nehme an, dass dies der Zweck der neuen Verordnung war, aber es führte zu Missverständnissen, und bis zum heutigen Tag hat sich der spontane Ansturm des ersten Kriegsmonats nie wiederholt. Zweifellos waren die Zahlen zu groß, um richtig behandelt zu werden. Männer schliefen in der Garnisonskirche, in der Reitschule, auf dem Boden in überfüllten Barackenräumen, in undichten Zelten ohne Boden. Es gab keine Aufenthaltsräume. Es regnete stark, und wenn er einmal nass war, blieb ein Mann ohne Wechselkleidung oder Unterwäsche in seinem dürftigen Zivilanzug tagelang nass. Es gab zu wenige Decken, keine Kohlenbecken und die billigen schwarzen Schuhe des Zivillebens waren bald in Fetzen. Alle wurden zu einem abscheulichen Ungeziefer, und obwohl das Essen auf seine Art gut genug war, waren die Köche überfordert, und es war oft ungenießbar. Niemand war schuld daran, und in erstaunlich kurzer Zeit begann Ordnung zu entstehen, aber in jenen frühen Tagen stieg aus der neuen Armee, die noch keine Armee war, ständig ein riesiges „Auerhuhn" auf, und diese Umstände waren teilweise dafür verantwortlich, dass dies der Fall war Als der Standard erneut gesenkt wurde, war der Rekrutenstrom viel geringer als zuvor. Dies ist die Fähigkeit, herzlich zu meckern, in der Armee skurril, humorvoll, schlau, manchmal bissig, niemals niedergeschlagen, ist offensichtlich ein alter nationaler Brauch, denn Chaucer verwendet das Wort ein halbes Dutzend Mal. Aber das verstärkte Unbehagen der Männer, die das Leben in geschlossenen Räumen verloren hatten, war wirklich erbärmlich.

Es dauerte nicht lange, bis alle Rekruten außer denen der Royal Field Artillery woanders hingeschickt wurden, und die Kaserne wurde zu einem großen Depot für diesen Truppenteil unter dem Kommando von Oberst Forde. Welche Wunder in jenen frühen Tagen vollbracht wurden und wie stark das Land bedrängt wurde, wird deutlich, wenn man bedenkt, dass eine Gruppe von Männern, die nie weniger als zweitausend und manchmal sogar das Dreifache dieser Zahl zählte, monatelang nur über die Macht verfügte zwei Feldgeschütze zu Ausbildungszwecken, und dass Offiziere, die nur drei, vier oder fünf Wochen lang eine Uniform getragen hatten, zum Expeditionskorps geschickt werden mussten.

II

Warum die ersten Hunderttausend eingezogen wurden

Die ersten Hunderttausend hatten im Vergleich zu ihren Nachfolgern einige Eigenheiten. Sie enthielten eine große Anzahl von Männern, die spontan Dinge taten, die geborenen Abenteuerlustigen, Männer, für die der Krieg seinen Reiz hatte. Mancher Mann, der seinen Platz im Leben nie gefunden hatte, weil er ein ruheloser, umherziehender Geist war, der sich nicht niederlassen konnte oder der sich an geordneten, konventionellen Wegen sträubte, fand im August 1914 endlich sein Glück. An ihrer Seite standen die Männer, die leidenschaftlich waren Sie waren patriotisch und erkannten sehr klar und schnell die langen Probleme, die mit dem Land verbunden waren, das sie liebten. Das Schicksal Belgiens hatte einen weitaus bewegenderen Einfluss auf die Reihen der neuen Armee, als der Offiziersklasse, glaube ich, klar war. Tatsächlich gewann ich bei den späteren Rekruten den Eindruck, dass Empörung über die deutschen Gräueltaten in Belgien das vorherrschende Motiv für ihre Rekrutierung war. Für jeden, der im Herbst und Winter 1914 eng mit den Männern der neuen Armeen zusammenarbeitete, besteht kein Zweifel daran, dass die Invasion Belgiens der einzige schockierende Schlag war, der das Land zu einem Mann vereinte, und dass nichts anderes in der Situation, wie es bekannt war, hätte dies getan. Das Volk als Ganzes begriff nicht, wie drohend die deutsche Bedrohung war. Von dem quälenden Druck auf der dünnen khakifarbenen Linie, die den Zugang zum Meer versperrte, wussten wir nichts. Tag für Tag und Nacht für Nacht wurden wir mit Geschichten über „schwere deutsche Verluste" und vergeblichen Geschichten über den Tod deutscher Fürsten beglückt; Weder unsere Männlichkeit noch unsere Vorstellungskraft waren vollständig erfasst, denn von dem fast unglaublichen Heldentum unserer Brüder wurde uns nie erzählt. Vielleicht war das Schweigen gerechtfertigt; Der Feind hätte erfahren können, wie nahe er dem Sieg war, und mit größter Anstrengung durchgebrochen sein können. Auf jeden Fall war die Jugend des ganzen Landes, unvermeidbar oder nicht, in diesem ganzen Winter nie wirklich zu Höchstleistungen erweckt worden. Umso mehr Ehre den ersten Hunderttausend!

III

Ubique

Nach dem Ende dieses Krieges kann kein Soldat mehr fragen: „Was tut die christliche Kirche für mich?" Die Mitglieder der Kirche, die durch ihre Organisation oder noch häufiger durch andere Organisationen, deren treibende Kraft ihre Mitglieder waren, handelten, stellten sich im ganzen Land ehrenvoll der Herausforderung. Glasgow war keine Ausnahme. Auch den Kirchen hat es sehr gut getan, sie zur Zusammenarbeit zu lehren. Hier ist ein Beispiel. Die Männer waren in der ganzen Stadt untergebracht, zwei- oder dreihundert in einem Saal, mehr als die anderen in einem anderen. In jedem Fall wurden Vorkehrungen für ihre Erholung und ihren Komfort getroffen. In einem bestimmten Bezirk stellte eine Gemeinde ihren Saal als Aufenthaltsraum zur Verfügung, eine andere bezahlte alle Kosten, eine dritte stellte einen Kirchenbeamten für die tägliche Reinigung, die Mitglieder verteilten gemeinsam Zeitschriften und Zeitungen und sorgten für Tee und Kaffee; Der Missionar einer Gemeinde hielt Gottesdienste ab und alle gaben gemeinsam Konzerte. Das YMCA, das keine Arbeiter aufnimmt, es sei denn, sie sind Mitglieder der christlichen Kirche, kam vor Ort und baute dank der Großzügigkeit von Frau Hunter Craig eine Hütte auf dem Kasernenplatz.

Daraufhin kam es in den ersten Monaten des Jahres 1915 zu einer Wiederbelebung der Religion unter den Männern der Maryhill Barracks, deren Zentrum die YMCA-Hütte war. Diese Wiederbelebung trug die Zeichen in sich, von denen man uns jüngeren Männern gesagt hatte, dass sie die Zeichen einer echten Wiederbelebung seien, vor denen viele jedoch zurückgeschreckt waren, weil sie in unseren Tagen mit flammender Werbung, Lärm und Prahlerei in Verbindung gebracht wurden.

Ein weiser alter schottischer Pfarrer wurde einmal gefragt: „Wie können wir eine Erweckung herbeiführen?" „Es ist Gott, der Erweckung schenkt." „Aber wie können wir Ihn dazu bringen, es zu geben?" „Fragen Sie ihn", sagte er. Vielleicht können wir in diesem Fall bescheiden sagen, dass unsere Bitte größtenteils darin bestand, das Vertrauen der Männer zu gewinnen, denn als wir alle Freunde geworden waren, begann die Bewegung eines Nachts in aller Stille durch die Aktion eines Agenten der Pocket Testament League, der ... verbrachte den Abend mit uns. Die Treffen sahen für das Auge ziemlich prosaisch aus; Es gab keine Band, keinen Sologesang oder äußere Aufregung, und die Hütte war ein schlichtes Holzgebäude, aber die Belastung war zeitweise sehr intensiv. Manchmal blieben bis zu hundert in einer Woche zurück und bekundeten ihre Bekehrung, weil sie dem tiefen spirituellen Impuls nachgeben wollten, der sie von innen drängte, den Geist und den Geist Christi zu ihrem Lebensprinzip zu machen. Alle waren aus ihren Verankerungen geworfen worden und hatten versucht, sich in einer

neuen Umgebung zurechtzufinden. Die meisten von ihnen waren einfach
anständige Jungs, die noch nie viel darüber nachgedacht hatten. Andere
sahen endlich die Chance für einen Neuanfang und ergriffen sie dankbar.
Einige waren „Cornerboys" und lernten in Disziplin und Kameradschaft eine
Lektion, von der sie nie geträumt hätten. Ich glaube, in der neuen Armee gab
es überall einen gewissen moralischen Aufschwung, der aus dem Bewusstsein
einer harten Pflicht entstand, und es war nicht schwer, dies zu einer
persönlicheren und spirituelleren Krise zu führen. Sie hatten etwas sehr
Liebenswertes an sich. Ein großer, gutaussehender Kerl aus einem
kanadischen Holzfällerlager sagte mit echtem Kummer im Gesicht: „Ich
habe es immer wieder versucht, und Gott helfe mir, ich kann es nicht." Es
nützt nichts, es bringt nichts.' Sein Kumpel legte seinen Arm um seinen und
erklärte mit warmer, liebevoller Stimme: „Ich werde auf ihn aufpassen,
Chef."

Viele Monate später sah ich in einer flämischen Stadt, wie einige ihrer
Batterien klappernd über die steinigen Straßen fuhren. Das Licht einer
elektrischen Taschenlampe beleuchtete die Reiter, die auf beiden Seiten des
breiten Lichtbündels von Dunkelheit zu Dunkelheit huschten. Es zeigte
gebräunte Gesichter, kompetente Gesten, fleckige Uniformen, die Spuren
von Veteranen, Männern, die viele Male mit ihren Waffen im Einsatz
gewesen waren. Ich bin sicher, dass sie ihre Pflicht nicht nur gegenüber ihrem
König, sondern auch gegenüber dem Höheren erfüllen, ganz nach dem
mutigen Motto ihres Korps: „ *Ubique quo fas et gloria ducunt* ".

Im April kam der Befehl, sich dem Expeditionskorps anzuschließen.

KAPITEL II

EIN VERSTÄRKUNGSLAGER

ICH

Das Sunny Valley

Das Verstärkungslager lag angenehm in einem sonnigen Tal. Die nächstgelegene Stadt war Harfleur, die genau fünfhundert Jahre zuvor von Heinrich V. von England belagert worden war, der sich hauptsächlich auf seine großen Kanonen und Minen verließ und nicht enttäuscht wurde. Der Lagerkommandant bestand darauf, dass das Gelände rund um die Zelte und Hütten in Gärten umgewandelt werden sollte, und bald war das Tal voller Blumen. Hier herrschte Frieden über der ganzen Landschaft. Manchmal keuchte ein Zug von Pferdefuhrwerken, vollbesetzt mit Männern, die an den Schiebetüren standen oder mit über den Schienen baumelnden Beinen saßen, den langen Hang am Fuße des Tals hinauf, und jeden Abend fuhren die Versorgungszüge langsam auf dem Weg zum Tal Front, jeder beladen mit einer Tagesration für zwölftausend Mann. Jeden Tag trafen neue Wehrpflichten für Infanterie und Artillerie ein, blieben einige Tage und wurden dann nach oben geschickt. Wahrscheinlich wären tausend Mann pro Monat eine angemessene Schätzung für den Verlust einer Division zu dieser Zeit, das heißt, das gesamte Expeditionskorps musste einmal im Jahr komplett erneuert werden, soweit es seine Kampfeinheiten betraf. Deshalb zogen ständig Wehrpflichtige durch unser Lager, und ich hatte viele Gelegenheiten, die Moral von Einzelpersonen aller Ränge zu studieren. Das Ergebnis war interessant und es lohnt sich, es aufzuschreiben. Meiner Erfahrung nach wurde das gute Herz kämpfender Männer nur durch zwei vermeidbare Ursachen beeinträchtigt. Das erste war die große Zahl junger, leistungsfähiger Männer, die an den Kommunikationslinien und am Stützpunkt Aufgaben verrichteten, die von anderen effektiv hätten ausgeführt werden können. Diese jungen Männer befanden sich nie in Gefahr, während diejenigen, die sich zufällig einem Kampfkorps angeschlossen hatten, immer wieder in den Tod geschickt wurden. Dies wurde (wie uns gesagt wird) inzwischen behoben, aber es war lange Zeit eine Quelle großer Schmerzen. Der zweite Grund für Ärger war der unglaubliche Streit, der zu Hause, in den Zeitungen, zwischen Herren und Männern usw. stattfand. Die Beamten würden über das Verhalten der „Arbeiter" wütend werden und sie als Klasse pauschal verurteilen. Man musste gleichzeitig vorsichtig und beharrlich sein, um ihnen klarzumachen, dass ihre eigenen Männer, die sie bewunderten und liebten und von denen sie wussten, dass sie ihnen überallhin folgen würden, aus derselben Klasse stammten wie die Männer, die im Streik waren . Ein weiterer Grund, warum es besser gewesen wäre, ältere und verheiratete Männer an den Stützpunkten zu haben, lag in den Versuchungen, denen die Männer dort von allen Seiten ausgesetzt waren. Auch diese müssen als Teil der unvermeidlichen Kriegskosten gerechnet werden. Es sagt viel über den Mut und Charakter des durchschnittlichen Briten aus, dass so viele unversehrt davonkommen.

II

Der Mann aus Skye

Als ich eines Tages um die Zelte ging, hatte ich ein langes Gespräch mit einem Mann im Wehrdienst, der gerade an die Front aufbrach, um sich einem Highland-Regiment anzuschließen. Er war noch nicht lange aus dem Krankenhaus entlassen worden und hatte sich ebenso wie seine Gefährten nach der Traurigkeit eines zweiten Abschieds kaum zusammengerissen. Einem guten Plan folgend, immer jedes Gerücht zu verbreiten, egal wie unwahrscheinlich es ist und das durchaus fröhlicher Natur ist, sagte ich und bezog mich dabei auf einen Bericht, der an diesem Morgen in den Schlamassel kursierte: „Es heißt, Lord Kitchener sagt, dass im September alles vorbei sein wird." .' Er sah mich sehr ernst an und sagte streng: „Es steht Lord Kitchener nicht zu, zu sagen, wann der Krieg zu Ende sein wird." Es liegt nur an Gott, das zu sagen.' Dann sagte er: „Und außerdem werde ich Skye nie wiedersehen." Ich hatte mit allen Mitteln vergeblich versucht, ihm seine Vorahnungen zu nehmen, und nun sagte ich streng wie er selbst: „Es ist nicht deine Aufgabe zu sagen, ob du Skye jemals wiedersehen wirst; Das kann nur Gott wissen.' Er bewegte sich ein wenig unruhig und antwortete langsam: „Ja, das ist so, aber – ja, das ist so." Manchmal, wenn wir uns gegenseitig diese altbekannte, unbeantwortbare Frage stellten, erzählte ich die Geschichte des Mannes aus Skye und seine Antwort auf das Problem. Wir waren sehr froh, ein paar Wochen später zu hören, dass er als dauerhaft arbeitsunfähig entlassen worden war und sich inzwischen auf seiner geliebten nebligen Insel befand.

Der Hauptkaplan besuchte das Lager während meiner Seelsorgetätigkeit dort. Rev. Dr. Simms, der den Rang eines Generalmajors innehat, ist für alle Kapläne außer denen der Church of England verantwortlich. Seine große, vornehme, bescheidene Gestalt wird in den Köpfen derjenigen, die unter seiner Leitung standen, immer für grenzenlose Freundlichkeit, Weisheit und gewissenhafte Fairness zwischen allen Parteien stehen. Dr. Wallace Williamson aus St. Giles, Edinburgh, der die Truppen in Frankreich besuchte, begleitete ihn. Ihr Gottesdienst am Sonntag war sehr bewegend. In diesen kurzen Tagen zwischen dem Abschied und dem Schlachtfeld waren die Herzen nahe an der Oberfläche. Die drei Schotten, die ich von den Teilnehmern dieses Gottesdienstes am besten kannte, sind alle tot: einer fiel bei Loos, einer in Mesopotamien und einer an der Somme. Der Älteste von ihnen, ein Offizier in einem Gardebataillon, konnte nicht sprechen und seine Augen waren voller Tränen. Die Bemerkung, die ein Lowlander zu einem anderen machte, nachdem er einem sehr berühmten Londoner Prediger zugehört hatte, war hier nicht möglich: „Aye, es war wunderschön, und er hat es geschafft, dass man auch mal Dinge sehen kann; aber, Mann! In „t" steckte keine *Logik*.

Ungefähr zu dieser Zeit hörten wir vom Untergang der *Lusitania*. Irgendwie wussten wir von diesem Moment an besser, wo wir waren und wofür wir kämpften. Alle Gedanken waren sehr düster. Das war pure, nackte Bosheit, die schlicht und kalt vor Gott und den Menschen begangen wurde.

„ Du kannst sie jetzt hören "

Eines heißen Nachmittags, als ich mit einem Freund in meinem Zelt saß und mich unterhielt, kam ein Pfleger zur Tür und sagte zu ihm: „Nachricht für Sie, Sir." Er warf einen Blick darauf. Es war sein Befehl, sich seinem Bataillon an der Front anzuschließen. Wir schüttelten uns die Hände und er ging, froh, nach so langer Wartezeit wieder unterwegs zu sein. Fünf Minuten später war der Sanitäter zurück und gab mir den Befehl, sofort zur 2. London Territorial Casualty Clearing Station zu gehen. Ich verabschiedete mich von Adams, meinem Diener. Kein Mann hatte jemals mehr Glück mit seinen Batmen – Adams, ein typischer Stammspieler, äußerst stolz auf sein Regiment; Campion, der Londoner Territorial, ein Geschäftsreisender im Zivilleben; und Munro, der königliche Schotte, der innerhalb von ein oder zwei Monaten nach Kriegsausbruch den in ihm aufkeimenden Kampfgeist des königlichen Regiments nicht mehr unterdrücken konnte und sich freiwillig wieder anschloss und eine Frau und sechs Kinder hinterließ. Er war Vorarbeiter bei der Edinburgh Tramways Company. Als praktischer Mann, der er war, konnte er sich für alles einsetzen, ob es nun darum ging, aus der Schraube einer Essiggurkenflasche eine Zwinge für einen kaputten Spazierstock zu konstruieren, eine trostlos aussehende Hütte bewohnbar zu machen oder aus dem Nichts heißen Tee zuzubereiten. oder das Festzelt einer nassen Kantine in einen anständigen Ort für die Kommunion zu verwandeln (leere Tabakkisten als Tisch, Bierfässer diskret außer Sichtweite) oder eine Kanzel aus Sandsäcken in der Ecke einer Saloon-Bar ohne Dach zu bauen.

Der Versorgungszug fuhr zu sehr früher Stunde ab und näherte sich über Umwege widerstrebend dem Gleiskopf. Die Fahrt dauerte dreißig Stunden. Es war lang genug, um zu lehren, dass man in Frankreich nie ohne etwas zu lesen in einen Militärzug steigen, aus einem Aluminiumbecher mit heißer Flüssigkeit vorschnell trinken oder sich auf Bully Beef als einziges Nahrungsmittel verlassen sollte. Gegen Abend hatte der Ire, der den Zug leitete, Mitleid und nahm mich mit – wir hatten zum fünfunddreißigsten Mal angehalten –, um seinen Primus-Herd auf Hochtouren zu bewundern und sein ausgezeichnetes Abendessen zu teilen. Aber (Herd hin oder her) die Welt ist geteilt in diejenigen, die so etwas können, und diejenigen, die es nicht können; die vergeblich mit feuerfesten Elementen ringen und sich wünschen, sie wären nie geboren worden.

Er sagte, bevor wir den Gleiskopf erreichten, würden wir wahrscheinlich den Lärm der Kanonen hören. Der Ausdruck wird oft als Unfruchtbarkeit oder sogar als Spott bezeichnet, aber die Realität löst beim ersten Hören ein neues Gefühl in der Brust aus. Die Nacht war windstill und warm, und gegen zehn Uhr, als wir an einer Station am Wegesrand standen, kam der Mann aus

Ulster auf mich zu und sagte: „Hör zu, du kannst sie jetzt hören." Und weiter
im Osten war ein tiefes, zitterndes Geräusch zu hören, das in der stillen Luft
anschwoll und wieder verklang – das Geräusch der britischen Artillerie, die
Tag und Nacht gegen noch überwältigende Übermacht kämpfte.

Zwanzig Stunden später, nach vielen Irrfahrten, setzte mich ein freundlicher Krankenwagen vor der Tür der Kantine der Clearingstation ab, wo man mit großer Neugier und möglicherweise auch etwas Besorgnis auf die Ankunft eines „schottischen Pfarrers" gewartet hatte.

KAPITEL III

Eine Clearing-Station, wenn es „nichts zu melden" gibt

ICH

Von der Brüstung bis zum Sockel

Wir hören manchmal von einem Mann, der mit zerschmettertem Bein weiter mit seinem Maschinengewehr feuert, als wäre nichts passiert. Wie ist das zu erklären? Die Antwort ist für die Daheimgebliebenen ein wahrer Trost. Die erschütterndsten Wunden sind nicht diejenigen, die unmittelbar den größten Schmerz verursachen. Es ist, als ob ein Baum über Telegrafendrähte gefallen wäre. Die Leitungen sind unterbrochen, und keine Nachricht oder im schlimmsten Fall eine verwirrte, klingelnde Nachricht kann zum Gehirn gelangen. Ich habe einen Mann erlebt, der in einem Zustand großer Freude zu einem Hilfsposten getragen wurde, weil er „einen Blighty" bekommen hatte. Er lag rauchend und redend da und ahnte nicht, dass seine Wunde so schwerwiegend war, dass es viele Monate dauern würde, bis er wieder gehen konnte – falls er jemals auf zwei Beinen gehen würde. Bis die Schmerzwahrnehmung vollständig zum Tragen kommt, befindet sich der Betroffene normalerweise in der Aufklärungsstation oder zumindest im Rettungswagen und verfügt über die Ressourcen der Wissenschaft.

Angenommen, um drei Uhr nachmittags wird Jock im vorderen Graben getroffen. „Jock" ist der allgemein verwendete Name für schottische Soldaten, Lowland oder Highland. Es ist kein wohlklingender Name, aber da ist er! Und irgendwie drückt es den Charakter des Schotten besser aus als „Tommy". Er kann nicht durch den Kommunikationsgraben getragen werden, weil dieser zu sehr im Zickzack verläuft: Er kann nicht um die Ecken herumgeführt werden. Also wird er in einen Unterstand gebracht und erhält Erste Hilfe, vielleicht auch eine Morphiumtablette. Möglicherweise kommt der MO zu ihm, aber vielleicht ist er auf seinem eigenen Hilfsposten zu beschäftigt. Es gibt Tragenträger im Graben, die ordnungsgemäß bandagieren können. Der durchschnittliche „SB" ist übrigens ein Mann vom Bataillon, nicht vom RAMC. Sobald es dunkel ist, heben ihn die Tragenträger hoch und tragen ihn über die offene Wiese zum Hilfsposten, der vielleicht fünfhundert oder fünfhundert Meter entfernt ist tausend Meter hinter dem Schützengraben, in der Nähe des Bataillonshauptquartiers. Es ist eine unheimliche Reise mit einem gewissen Risiko. Die leuchtenden Boche-Fackeln steigen ständig auf – der Feind wird manchmal „der Hunne", häufiger „der Boche", in freundlicheren Momenten „Fritz", aber nie „die Deutschen" – und erhellen den Boden lebhaft. Diese Fackeln sind sehr stark. Ich habe meinen eigenen Schatten gesehen, der von einem dieser Soldaten geworfen wurde, als ich damals in einem Lager stand, das fünf Meilen von den Schützengräben entfernt war, und wenn man aus der Nähe ist, hat man das Gefühl, dass jedes Auge in „Deutschland" auf einen gerichtet ist. Das Beste ist, ganz still zu stehen, denn künstliches Licht ist sehr trügerisch und es ist schwer zu erkennen, um was für einen Gegenstand es sich handelt. Das eigentliche Gefahrengebiet ist jedenfalls das „Niemandsland", denn auf diesen gewaltigen Friedhof, der sich von der Schweiz bis zum Meer erstreckt, sind die Augen des Feindes gerichtet . Den Regimentern standen verschiedene Arten von Leuchtraketen zum Experimentieren zur Verfügung. Wir lachten über einen Vorfall, der sich ereignete, als ein neuer Typ, eine Art Fallschirm, ausgeliefert wurde. Der Stellvertreter, der sie abfeuerte, schätzte die Stärke des Windes, der aus dem feindlichen Graben wehte, falsch ein und die Fackel wurde in einer stattlichen Kurve nach hinten getragen, bis sie sich direkt über dem Hauptquartier des Bataillons befand. Hier hing es lange Zeit und zeigte zum großen Ärger des Kommandeurs sehr erfolgreich alle Details. Über diesen Boden wird die Trage sehr langsam und vorsichtig getragen. Wenn der Hilfsposten erreicht ist, übernimmt der Verteidigungsminister das Kommando, unterstützt vom Sergeant oder Korporal des RAMC, den er immer bei sich hat, und der „Verletzte" wird zusammen mit anderen in den Unterstand oder Keller unter einem zerstörten Haus gelegt , das den Hilfsposten und die Bataillonsapotheke bildet. Die erste Etappe der Reise ist nun vorbei. Bald schleichen sich leise ein paar Autos heran. Einer nach dem anderen werden die Verletzten hineingehoben oder klettern steif hinein. Der Arzt, der sie erfunden hat, unterhält sich mit dem MO, und der lokale Klatsch wird gegen das umfassendere Wissen (oder grandiosere Gerüchte) über den Feldkrankenwagen ausgetauscht. Unser Jock, der eine Kugel in der Brust hat, wird hineingehoben. Gurte werden sicher befestigt und Planen zugebunden. „Alles an Bord, Sir!" 'Rechts! Na dann, Hadley!' „Cheero, Scott!" Die Krankenwagen starten sehr vorsichtig und kriechen die Straße hinauf. Der Zustand ist erbärmlich, denn Arbeiten bei Tageslicht ist hier unmöglich. Es ist alles durch den Verkehr zerstört, häufig mit Granatlöchern übersät und in der Regel sehr schmal. Es gibt keinen Mond, was auch gut so ist, und es können keine Lichter getragen werden. Der Fahrer tastet sich mit einem sechsten Sinn, der aus vielen solchen Fahrten hervorgegangen ist, seinen Weg durch die tintenschwarze Dunkelheit. Hin und wieder erleuchtet eine Fackel das kaputte Kopfsteinpflaster für ein paar Sekunden. Seine Räder sind auf beiden Seiten nur wenige Meter vom Schlamm entfernt, und wenn er dort hineinfährt, würde das Auto stundenlang dort stehen bleiben. Etwas rechts feuert eine Batterie von 18-Pfündern langsam und regelmäßig, und die Granaten kreischen über die Straße auf dem Weg zum Feind. Nach einer Kurve wird die Straße besser. Wir halten an einem Gebäude an, in dem es kein Licht gibt, und RAMC-Pflegekräfte kommen aus einem Keller die Stufen hinauf. Dies ist die erweiterte Ankleidestation; Es sammelt sich an einer Brigadefront und es sind zwei Ärzte im Einsatz. Ein großes, mit

Sackleinen bedecktes Fenster öffnet sich auf Bodenhöhe in den Keller, durch das die Verwundeten gehoben werden. Einige werden die ganze Nacht hier bleiben, aber die schwersten Verletzten werden zur Unfallaufnahmestation fünf oder sechs Meilen weiter hinten geschickt. Heiße Getränke sind im Angebot und willkommen, denn die Verletzten zittern und sind krank vor Schreck. Zwei neue Fahrer kommen gähnend aus ihrem Unterstand und übernehmen; Gerade ist eine Nachricht eingegangen, dass die „P"-Gräben von Grabenmörsern „überhitzt" wurden und die Autos sofort wieder zurückfahren müssen. Die Krankenwagen fahren los und die Ärzte sind beschäftigt, die Ärmel bis zum Ellenbogen hochgekrempelt. Die zweite Etappe der Reise ist abgeschlossen.

Die Autos bewegen sich jetzt viel schneller. Im Divisionshauptquartier brennen immer noch Lichter, aber im Hauptquartier der Feldrettung ist es dunkel, bis auf die Lampe, die vor dem Tor brennt. Ein Krankenwagen kann über zwei oder drei erweiterte Verbandsstationen verfügen, die von einer Divisionsfront aus abgeholt werden. Zwei Lampen an einer Stange, weiß und rot, nähern sich und erhellen schwach zwei Flaggen, den Union Jack und das Rote Kreuz. Der Union Jack wird in Flandern nur in Verbindung mit dem Roten Kreuz oder vielleicht über der Leiche bei einer Beerdigung gesehen; es sei denn, der Oberbefehlshaber kommt vorbei, wenn die Flagge auf einer Lanze hinter ihm hergetragen wird. Die Autos biegen im rechten Winkel in einen kiesbedeckten Hof ein und halten vor einer großen Tür. Ein Unteroffizier, der in einer gläsernen Vorhalle gesessen hat, steckt seinen Kopf in die Innentür und ruft „Tragenträger!" Ein Pfleger geht schnell ins Büro und meldet dem Pfleger: „Zwei Autos mit Tragen." Der Arzt geht in den Empfangsraum und beginnt mit der Untersuchung des ersten Falles. Der Empfangsraum ist in glücklichen Tagen ein Konzert- oder Musiksaal. Seine Bühne ist die Apotheke, und der kleine Raum, in dem sich die Darsteller „schminken", ist die Leichenhalle. Der Arzt wird von der Schwester im Nachtdienst begleitet. Jeder Mann wird der Reihe nach schnell untersucht. Der MO oder der Arzt an der Verbandsstation hat einige Worte über die Art der Wunde auf ein Etikett geschrieben, das einem Gepäcketikett ähnelt, und dieses wurde an einem Knopfloch befestigt. Ein Ordonnanzbeamter tritt vor und notiert Einzelheiten: Name, Nummer, Bataillon, Brigade, Division. Jock ist es ziemlich leid, diese Informationen weiterzugeben, weil er sie bereits von seinem MO und an der Umkleidestation notieren ließ. Aber er muss noch nicht anfangen, sich zu beschweren, denn es wird sich an jedem Haltepunkt wiederholen. Er wird in ein anderes Zimmer getragen. Die dritte Etappe ist vorbei.

Jock ist zwei Wochen hier, denn er ist schwer verwundet und belegt eines der wenigen Betten, über die die Station verfügt. Eines Tages wird er ziemlich weiß in den Operationssaal getragen und nach einiger Zeit wieder zurückgetragen, noch weißer als zuvor. Er hat weniger davon gesehen als jeder andere; sah nur die weißen Wände und die Moskitovorhänge; roch den starken Geruch von Äther, Chloroform und Antiseptika; hörte leise und schwächer das Dröhnen eines Flugzeugs über mir; Ich sah auch den Padre, der ebenfalls eher weiß war, aber entschlossen war, sich an so etwas zu gewöhnen, für den Fall, dass es ihm an Personal mangelt, wenn der große „Anstoß" kommt.

Jock kann nicht mit dem Zug fahren, weil er die Erschütterungen nicht ertragen konnte, also muss er auf einen Lastkahn warten. Mit offensichtlicher Freude hört er der Beschreibung der elektrischen Lichter und Ventilatoren sowie der weißen Laken und Kissen zu. Es gibt sechs Schwestern in der Station. Es sind die ersten englischen Frauen, die er seit seinem letzten Urlaub gesehen hat, und er ist froh zu hören, dass zwei auf dem Lastkahn sein werden. Ein Lastkahn kommt und geht, aber das sagt niemand Jock. Ihm wird gesagt, dass die Lastkähne immer auf sich warten lassen, was auch wahr ist. Und tatsächlich geht es ihm, bevor der nächste kommt, so viel besser, dass beschlossen wird, dass er mit dem Zug fahren kann, wenn er zuerst kommt. Es steht an erster Stelle. „ *Trainiert!* ' läuft wie ein Blitz durch die Schutzzauber. Es gibt eilige Abschiede, das Sammeln von Souvenirs, wehmütige Blicke derer, die noch nicht gehen können, und das Beobachten derjenigen, die es können. Die Autos werden zum Seiteneingang gebracht, die Tragen werden in ihre Rillen geschoben, und der Konvoi fährt zum Bahnhof. Der lange Zug, bereits halb gefüllt, wartet. Es gibt einen letzten kleinen Durchgang über den Bahnsteig, ein Kommen und Gehen von Trägern, den unvermeidlichen Streit mit dem RTO, einen warnenden Schrei von der Lokomotive, und der Zug zum Stützpunkt ist abgefahren.

II

„ Glauben Sie, dass so etwas jetzt wichtig ist?" '

Eine Clearingstation ist genau das, was ihr Name verrät. Es holt die Verwundeten aus einer großen Anzahl von Feldkrankenwagen, die jeweils in mehrere fortschrittliche Verbandsstationen aufgeteilt sind. Jeder von ihnen greift wiederum auf mehrere Hilfsposten zurück. Alle Verwundeten und alle Kranken, die aus den Krankenwagen herauskommen, müssen die Station passieren. Dort werden sie für die Reise zum Stützpunkt fit gemacht oder in ein Genesungsdepot geschickt, wenn sie in ein oder zwei Wochen wieder einsatzbereit sind.

Der Pfarrer der Church of England war so freundlich und zuvorkommend, wie ich es mir gewünscht hatte. Wir stellten sicher, dass einer von uns jeden Mann sah, mit dem er sprechen konnte, als er eingeliefert wurde, und notierte, in welche Station er gebracht wurde. Für die Verteilung von Schreibpapier, Zeitungen und Zeitschriften, Tabak und Zigaretten teilten wir die Arbeit so auf, dass an einem Tag jeder die Hälfte der Mündel übernahm und am nächsten Tag die Hälfte umkehrte. Im Falle einer schweren Krankheit oder eines Problems hielten wir uns enger an unsere eigenen Männer. Wir hatten beide unseren Vorrat an Testamenten. Von allen an die Truppen gelieferten Ausgaben ist die der National Bible Society of Scotland die beste. Es ist das attraktivste, mit seinem leuchtend roten Einband – Khaki wird einem so langweilig – und es enthält die Psalmen, die in Kriegszeiten so unbezahlbar und unfehlbar sind. Ich finde es schade, dass sie eher in metrischer als in prosaischer Form vorliegen. Andererseits erzählte mir einmal ein Beamter, dass es ihm unmöglich sei, sich mit dem Lesen der Bibel zufrieden zu geben. Er hatte die Erfahrung gemacht, dass ein Büchlein mit bekannten Hymnen für ihn den größten spirituellen Wert hatte. Er zog es in seinem Unterstand heraus, las einen Vers und legte es dann wieder zurück. Sonntags hielten wir unsere Morgengottesdienste getrennt, zu unterschiedlichen Zeiten im Empfangsraum ab. Wenn es möglich wäre, könnte es auch auf den Stationen ein oder zwei Ruhegottesdienste geben. Manchmal wird angenommen, dass Religion und Wissenschaft einander feindlich gegenüberstehen. Ich muss das sagen, und ich sage es dankbar: Ich fand Ärzte immer mitfühlend, hilfsbereit und rücksichtsvoll, keinen Mann mehr, tatsächlich hätte keiner durch und durch freundlicher sein können. Sie sind keine Liebhaber von Glaubensbekenntnissen, aber sie sind hingebungsvolle Diener der Menschheit und auf einzigartige Weise auf jeden praktischen Wunsch, zu helfen, einzugehen. Am Abend feierten wir einen gemeinsamen Gottesdienst. Als der Presbyterianer die Ansprache hielt, war der Gottesdienst anglikanisch, und am nächsten Sonntag würde der Gottesdienst presbyterianisch sein und der Kaplan der Church of England sprechen. Wir brachten unsere Beerdigungen getrennt zu diesem so schnell wachsenden Friedhof mit seinen sechshundert kleinen Holzkreuzen, obwohl die von der anderen Räumungsstation weiter oben an der Straße von jedem Kaplan an wechselnden Tagen abgeholt wurden, unabhängig von der Konfession. Wir spendeten das Sakrament des Abendmahls an unser eigenes Volk, wobei wir das schöne kleine Kommunionset benutzten, das vom Kriegsministerium herausgegeben wurde, und als Tisch eine mit einem weißen Tuch bedeckte und auf Böcken aufgestellte Bahre hatten.

Die Anziehungskraft der Nationalität ist in diesem Bereich immens. Es ist weitaus eindringlicher und realer als das Gefühl einer bestimmten Kirchenverbindung. Sogar Männer, die ihrem eigenen Zweig der Presbyterianischen Kirche gegenüber sehr loyal sind, legen in ihren Gedanken kaum Wert darauf. Sie freuen sich über die Begegnung mit einem schottischen Arzt oder einem schottischen Padre. Er versteht alle verflochtenen Fasern von Tradition und Ausbildung, die ihren Charakter ausmachen. Auch jeder Mensch betet gerne nach den Formen, die ihm vertraut sind. Aber die Church of Scotland oder die United Free Church of

Scotland usw. sind für ihn alles ziemlich dasselbe. Ich spreche von christlichen Männern, von Männern, die sich der historischen Situation durchaus bewusst sind. In einem Mann auf diesem Gebiet wächst eine tiefere Liebe zu seinem Bruder Scot, ein so tiefes Gefühl der wesentlichen Einheit in der Tradition, in der Geschichte, im Charakter, im Glauben, dass er sich sehnsüchtig und *leidenschaftlich* auf einen gesegneten Tag freut völlige Versöhnung.

„Glauben Sie, dass so etwas jetzt wichtig ist, Padre?" flüsterte ein Junge, der schwer verwundet war, während seine Skeletthand unruhig an der Bettdecke zupfte – eine schöne Zeit für all unsere fundierten Argumente! „So etwas" spielt natürlich eine Rolle, aber was könnte *schon* von Bedeutung sein, außer müde in den ewigen Armen zu ruhen? Ich kann nicht glauben, dass irgendjemand neben einem Leben nach dem anderen gekniet hat, das in Erschöpfung und Schmerz verging, so vorzeitig abgebrochen wurde, fern von den Händen der Mütter, die ihnen Liebe gegeben hätten, während sie lagen, und der den gebrochenen Worten von zugehört hat Vertrauen, wird niemals zulassen, dass seine Vision der grundlegenden Vereinigung derer, die in der ewigen Liebe Gottes in Christus ruhen, von geringeren Wahrheiten überschattet wird.

III

Der Name Jesu

Es gibt zwei Phasen im Leben eines Soldaten, in denen er sich der Anziehungskraft der Religion besonders bewusst ist. Einer davon ist, wie wir gesehen haben, direkt nach der Einberufung; der andere ist, nachdem er verwundet wurde. Eine Clearingstation ist die erste Ruhestätte, die er hat. Er hat furchtbar gezittert, hat miterlebt, wie sein Kumpel vielleicht getötet wurde, und hat an grausamen Taten teilgenommen. Er ist oft völlig zerbrochen und sucht erneut nach einem Fundament. Die Schwierigkeit besteht darin, dass sein Aufenthalt so kurz ist, in der Regel nur wenige Tage. Unser Rekordpatient war der arme Burke, ein Ire aus einem irischen Regiment. Er war verwundet worden, als er mit einem Kabeltrupp unterwegs war, der sich unter Maschinengewehrfeuer zerstreute. Er kroch in ein Jack-Johnson-Loch und lag dort acht Tage und acht Nächte lang außer Sichtweite zwischen den Schützengräben. Er hatte einen kleinen Keks und eine Wasserflasche, mehr nicht. Granaten donnerten über ihnen oder explodierten in der Nähe, und Kugeln pfiffen über dem Granatenloch hin und her. In der Nähe befanden sich Tote in allen Stadien des Verfalls. Als er von einer Patrouille entdeckt wurde, hatte er über zweihundert Stunden dort gelegen und war nicht verrückt. Wir sprechen leicht von „mehr Toten als Lebenden". Das war er im wahrsten Sinne des Wortes, als er eingeliefert wurde. Gangrän hatte schon vor langer Zeit eingesetzt, und sein Zustand war unbeschreiblich. Generalchirurgen und beratende Chirurgen kamen von weit her, um ihn zu sehen, ein beispielloses Beispiel für die Hartnäckigkeit des menschlichen Lebens. Viele Wochen lang hing er am seidenen Faden, manchmal ging es ihm etwas besser, häufiger war er erschreckend krank; Doch schließlich, sechs Wochen nach der Aufnahme, wurde entschieden, dass er verlegt werden könne. Die ganze Station kam, um sich vom alten Burke zu verabschieden, und alle, die konnten, sahen zu, wie er sanft mit dem Aufzug in den Lastkahn abgesenkt wurde. Später erhielten wir Briefe, in denen stand, dass er die Beinamputation überlebt hatte und sich langsam erholte. Aber das war die längste Zeit, die ein Patient bei uns verbrachte. Obwohl die Zeit im Allgemeinen kurz war, war sie manchmal lang genug, um sehr intim zu werden, da beide so bereit waren, sich zu treffen. An der Flandernfront gibt es keine religiöse Erweckung im üblichen Sinne des Wortes, und ich fürchte, es stimmt, dass der moderne Krieg bei vielen Menschen jeden Glauben, den er jemals hatte, zunichte macht. Dennoch gibt es in einem Krankenhaus viel Grund zu der Annahme, dass glänzende Eigenschaften, die inmitten der Verfeinerungen der Zivilisation oft fehlen – standhafte und sogar zärtliche Kameradschaft, die Bereitschaft, wenn überhaupt, freundlich zu urteilen, entschlossene Ausdauer und das Fehlen von Egoismus Typisch für unsere kämpfenden Männer – haben ihre Wurzeln häufiger in einer echten religiösen Erfahrung, als es bei den Bataillonen sofort offensichtlich ist. Ich habe immer wieder die Erfahrung gemacht, dass der Name Jesu bei sterbenden Menschen, die in letzter Lethargie versunken sind und auf jedes andere Wort nicht mehr reagieren, immer noch eindringen und erwecken kann. Das hastige Atmen wird für einen Moment regelmäßig, oder die Augenlider zucken, oder die Hand erwidert den Druck schwach. Ich habe kaum jemals erlebt, dass dies scheiterte, obwohl alle anderen Kommunikationen unterbrochen waren. Es ist sicherlich sehr bedeutsam und bewegend.

KAPITEL IV

Die Folgen von LOOS

ICH

Der Geschmack des Sieges

Der fröhlichste Mann auf dem Feld ist der Mann, der sozusagen sicher verwundet wurde, das heißt, dessen Wunde ernst genug ist, um ihn bis zur Ziellinie zu tragen, mit guten Aussichten auf die Überfahrt nach Blighty, aber nicht so ernst wie Angst hervorrufen. Ich habe noch nie eine so ausgelassene Menschenmenge erlebt wie die erste Gruppe Verwundeter aus den Kämpfen vom 25. September 1915. Wir waren auf einen „Ansturm" vorbereitet. Das Knurren der Waffen war seit Tagen immer lauter und lauter geworden. Tatsächlich ist es unmöglich, eine zukünftige Offensive geheim zu halten. Der genaue Zeitpunkt und Ort mag unbekannt sein, aber die Zusammenkunft der Männer, das Anhäufen von Munition und die notwendigen Vorbereitungen für die große Zahl von Verwundeten verkünden unweigerlich, dass etwas im Gange ist. Die Reihen lassen sich nicht lange auf die Zeichen der Zeit ein: Man sagt zum Beispiel, dass eine Inspektion durch den Divisionsgeneral nur eines bedeuten könne. Es ist schwer zu sagen, wie viel davon auf die andere Seite gelangt, aber die Einheimischen kennen alles, was allgemein gesprochen wird, und manchmal noch viel mehr. Sie haben Augen in ihren Köpfen; Sie können sehen, wie Übungen durchgeführt werden, und feststellen, welche Regimenter Kampfabzeichen auf ihren Uniformen tragen. und die kleinen Läden und Estaminets sind nur Soldatenclubs, in denen Klatsch und Tratsch genauso frei „ausgetauscht" wird wie in den Londoner West-End-Clubs, und leider viel besser informiert ist. Eine Frau, die auf einem Bauernhof arbeitete, erzählte mir einmal, zu welchem Teil der Linie eine bestimmte Abteilung aus der Ruhepause zurückkehren würde, und sie nannte ein Datum. Die Kommandeure der betroffenen Bataillone wussten nichts davon, und tatsächlich kursierten ganz gegenteilige Gerüchte, aber die Zeit bewies, dass die alte Frau Recht hatte.

Die Loos-Offensive war keine Ausnahme, und viele Tage lang erfüllten bange Gedanken und Gebete unsere Herzen. Wir gingen von Hoffnung zu Verzweiflung und wieder zurück zur Hoffnung. Ich wage zu behaupten, dass das Gespräch am Messetisch sehr dumm war. Verglichen mit den früheren Kriegstagen schien das Land voller Männer zu sein, und wir hörten Geschichten über große Ansammlungen von Munition. Alles schien möglich.

Am 25. um neun Uhr morgens trafen die Konvois ein, und die Verwundeten strömten in den Empfangsraum. Es handelte sich um „Gehfälle", Männer, die zu Beginn des Angriffs verwundet worden waren und sich, da sie laufen konnten, zu Fuß auf den Weg zum Hilfsposten des Regiments gemacht hatten. Als sie gingen, war alles gut gelaufen. Sie sprühten nur so vor guter Laune und Spannung. Drei – vier – nein, fünf Schützengräben waren genommen worden und „die Boche war auf der Flucht". Sie scherzten und lachten und klopften sich gegenseitig auf die Schulter, und tatsächlich bot diese fröhliche Menge einen außergewöhnlichen Anblick: mit Schlamm verkrustet und verklebt, mit zerrissenen und blutbefleckten Tuniken, mit deutschen Helmen, schwarz oder grau, auf dem Rücken geklebt Köpfe und tolle Souvenirs „für die Frau". Ein Mann mit einem eher schuldbewussten Blick zog zu meiner privaten Inspektion unter seinem Mantel ein riesiges silbernes Kruzifix hervor, das etwa einen Fuß lang war. Er fand es im Unterstand eines deutschen Offiziers, aber wahrscheinlich stammte es ursprünglich aus einer zerstörten französischen Kapelle. Alle Souvenirs toter Feinde sind für mich abscheulich. Es ist barmherzig, dass so viele Menschen keine Vorstellungskraft haben. Ich habe auch nie verstehen können, wie man Muschelstücke und Erinnerungsstücke dieser Art nach Hause trägt. Jede Erinnerung an diese unsäglichen Szenen des Blutvergießens ist abstoßend. Doch der britische Soldat ist ebenso ritterlich wie mutig. Er spricht schreckliche Worte darüber, was er seinen Feinden antun wird, aber wenn sie besiegt sind und in seiner Macht stehen, kann er es nie durchhalten. Das war sehr bemerkenswert, wenn man bedenkt, dass der Deutsche bis vor Kurzem der „Platzhirsch" war und wie sehr unsere Männer unter ihm gelitten hatten. Aber sobald der Kampf vorbei ist, ist er bereit, ihre individuelle Rechnung als beglichen zu betrachten. Ich erinnere mich noch gut an einen feuerspeienden Offizier, der allen Gefangenen, die in seine Hände kamen, beibringen wollte, was britische Strenge bedeutete. Zu gegebener Zeit trafen zwanzig verwundete Preußen ein. Am nächsten Tag wurde er dabei entdeckt, wie er tatsächlich Zigaretten an sie verteilte. Jetzt müssen wir uns daran erinnern, dass der britische Tommy keine Klasse für sich ist; er ist einfach der „Mann auf der Straße", das Volk. Manchmal herrscht heftige Bitterkeit, nicht ohne Grund, und häufig erschwert die mürrische oder verängstigte Stimmung der Gefangenen die Freundlichkeit, aber Tommy – und mit diesem Namen meine ich den britischen Bürger unter Waffen – hegt nicht lange Groll, wenn der Preis hoch ist bezahlt. Er ist von Natur aus ritterlich und selbst gegenüber seinem Feind, wenn die Leidenschaft des Kämpfens oder die Anstrengung der Wachsamkeit vorbei ist, ist er unheilbar freundlich.

An diesem ersten Morgen der „Großoffensive" herrschte in der Räumungsstation eine Atmosphäre der Hoffnung und Fröhlichkeit. Als ich durch eine Station ging, sagte ich zu der Krankenschwester: „Nun,

Schwester, alles scheint prächtig zu laufen." Sie blickte düster von der Wunde auf, die sie verband, und antwortete: „Das sagte man in den ersten Stunden von Neuve Chapelle." Ich war erschüttert von dem, was sie sagte, und war wütend auf sie.

II

Zweifel und Ängste

Im Laufe des Tages waren die Nachrichten nicht mehr so gut. Die Meerut-Division, die den Eindämmungsangriff vor uns auf die Moulin du Pietre durchgeführt hatte, befand sich, wie die Verwundeten sagten, dort, wo sie vor ihrem Angriff gewesen war, mit Ausnahme einiger Einheiten, insbesondere Leicesters und Black Watch, die dies offenbar getan hatten verschwunden. Vielleicht war alles erreicht worden, was beabsichtigt war. Schließlich fand die entscheidende Schlacht weiter südlich bei Loos statt – keine könnte realer und kostspieliger für die Beteiligten sein als ein eindämmender Angriff, wie es oft auch eine verlassene Hoffnung ist . Aber die veränderte Stimmung der nun eintreffenden Verwundeten war spürbar. Unsere Kämpfer hassen es, geschlagen zu werden, und die Geschichte handelte von Verwirrung und mangelnder Unterstützung. Auch unser eigenes Gas blieb auf dem Boden liegen und war dann in unsere eigenen Schützengräben zurückgedriftet. Ein junger deutscher Student, der verwundet eingeliefert wurde, gab die Tapferkeit des ersten Ansturms zu, sagte aber: „Wir haben immer verstanden, dass diese Schützengräben überstürmt werden können, aber wir wissen auch, dass sie auf einer so kleinen Front nicht gehalten werden können." Sie werden von beiden Seiten befohlen.' Insgesamt wurden von den britischen Regimentern dieser Division siebenhundert Verwundete und Vergaste herangebracht, und es gab noch viel zu tun.

Der Sonntag war ein heller, warmer Tag und am Nachmittag versammelten wir alle, die zu Fuß gehen konnten, zu einem Gottesdienst auf der grünen Wiese hinter dem Operationssaal. (Auch dort waren sie beschäftigt genug, Gott weiß.) Die Männer kamen sehr bereitwillig. Ich sprach ein paar Worte aus dem Text „Gesegnet sind die Friedensstifter", denn dieser Segen galt auch jenen Jungs, die gerade einen so mutigen Schlag für eine anständige Welt geführt hatten. Ein Schütze sagte hinterher: „Wissen Sie, ich habe seit meinem Coming-out vor zehn Monaten nur zwei Predigten gehört." Der andere stammte vom Bischof von London, und er übernahm denselben Text!' Tatsächlich ist es sehr schwierig, den Kanonieren ordnungsgemäß zu dienen; sie waren so in kleinen Gruppen verstreut. Es war sehr friedlich an diesem Sonntagnachmittag – nirgendwo ein Zeichen des Krieges, außer den verstümmelten Folgen des Krieges –, als diese Männer mit Tränen an diejenigen gedachten, denen es „dem allmächtigen Gott gefallen hatte, sie aus dieser vergänglichen Welt in seine Barmherzigkeit aufzunehmen".

Jeder Verwundete muss einen Brief für sich schreiben oder schreiben lassen, und da die Menschen zu Hause wussten, dass heftige Kämpfe im Gange waren, war es wichtig, dass alle Nachrichten sofort abgeschickt wurden. Dies ist eine der ehrenamtlichen Aufgaben des Kaplans, und nach Beginn der Offensive wurden wir einige Wochen lang jeden Nachmittag in der Nähe gehalten. Eine Zeit lang betrug die Anzahl der Briefe täglich etwa vierhundert. Mehrere Männer hatten Abschiedsbriefe geschrieben – sie schienen sehr bewegend, aber ich hielt es nicht für meine Pflicht, diese genauer zu betrachten. Sie hatten sie angesprochen und dann in ihre Taschen gesteckt, in der Hoffnung, dass sie entdeckt würden, wenn sie getötet würden. Einige waren kurz vor dem Befehl zur Überquerung der Brüstung fertiggestellt worden. Aber das Merkwürdige war, dass diese nach Hause geschickt wurden, mit ein paar Worten in einem Begleitschreiben, dass sie gesund und munter waren, als eine Art Andenken. In den Briefen, die nach der Ankunft im Krankenhaus geschrieben wurden, war ein Gefühl der Dankbarkeit gegenüber Gott sehr häufig und eine große Sehnsucht nach der Heimat und den Kindern. Es wurden einige seltsame Ausdrücke verwendet: Eine Mutter wurde mit „Liebes altes Gesicht" oder einfach mit „Altes Gesicht" angesprochen. Aber früher schrieben Dichter Verse an die Augenbrauen ihrer Geliebten, und warum nicht auch einen Brief an das Gesicht ihrer Mutter?

Hauptmann-Pfarrer sprechen zu dürfen . Sie baten mich, ihren Verwandten mitzuteilen, dass sie in Sicherheit seien. Ich nahm die vollständigen Einzelheiten entgegen und versprach, das Auswärtige Amt um die Weiterleitung zu bitten, konnte jedoch nicht garantieren, dass die Nachrichten ankamen, da sich die Regierung in dieser Angelegenheit sehr schlecht verhielt. Sie waren alle sehr darauf bedacht, dass ich sicher sein und sagen würde, dass ihre Wunden leicht *seien* .

Am nächsten Tag kam der dringende Befehl, alle Verwundeten zu evakuieren, die möglicherweise verlegt werden könnten. Soweit wir gehört hatten, schienen die Ereignisse in Loos recht gut zu verlaufen, aber es gab einige hässliche Gerüchte und die Atmosphäre war von großer Unruhe geprägt. Nach dem Abendessen an diesem Abend nahm mich der kommandierende Offizier, Major Frankau, beiseite und bat mich, nicht zu Bett zu gehen, da sie die ganze Nacht über jedes verfügbare Paar Hände brauchen würden.

III

Unser Anteil an den Fünfzigtausend

Es war zehn Uhr, als die ersten Autos knirschend auf dem Bahnhofsgelände einfuhren, und die Konvois trafen einer nach dem anderen bis fünf Uhr morgens ein. Da wir dann nichts mehr aufnehmen konnten, wurde der Bach zu einer anderen Räumungsstation weiter oben an der Straße umgeleitet. Vor dem Krieg schien das tiefe Heulen eines Autos immer zu sagen: „Hier bin ich, reich und rundlich, und rolle bequem auf meinem Weg; Ich habe viel Gut angehäuft und kann es bequem annehmen'; aber nach dieser Nacht hatte es eine andere Bedeutung: „Langsam, zärtlich, oh!" sei bemitleidenswert. „Ich bin gebrochen und habe Schmerzen", während die Autos über die unebenen Straßen dahinkrochen. Dies war unser Anteil an den Verwundeten aus Loos, der Überfluss an schweren Krankentragen, die nicht auf den bereits überlasteten Stationen direkt hinter der eigenen Front aufgenommen werden konnten. Viele hatten viele Stunden auf dem Schlachtfeld gelegen. Sie stammten größtenteils aus der 15. (schottischen) Division und der 47. (Londoner) Division. Beide hatten sich einen unsterblichen Namen gemacht. Ersterer kam weiter nach vorne als alle anderen und bezahlte die Strafe mit über sechstausend Opfern. Die ganze Nacht über regnete es in Strömen. Es strömte von den Dächern und Seiten der Krankenwagen herab, peitschte den Hof, bis es in einem feinen Sprühnebel aufstieg; Überall beleuchteten die Lampen die Nässe – die tropfenden, ängstlichen Gesichter der Fahrer, die blassen Gesichter der Verwundeten, Augen, die über ihre durchnässten braunen Decken starrten, Augen, die vor Schmerz und Kummer verwirrt waren, wie die von gejagten Tieren; und der Empfangsraum war erfüllt von den erstickenden Gerüchen von dampfenden, schmutzigen Decken und Uniformen, von trocknenden menschlichen Körpern und von Wunden und Sterblichkeit. Als die Krankenwagen eintrafen, wurden die Tragen, deren Insassen größtenteils stumm waren, vorsichtig herausgezogen, in die Empfangshalle getragen und auf den Boden gelegt. Sofort erhielt jeder Mann – dessen Wunde es zuließ – eine Tasse heißen Tee oder kaltes Wasser und eine Zigarette. Sie wurden paarweise auf die Böcke gehoben und von den Ärzten untersucht und verbunden. Ihre Standhaftigkeit war, wie mir einer der Chirurgen sagte, unheimlich. Es war übernatürlich. Ich hätte nicht glauben können, was man ohne Klage ertragen kann, oft ohne auch nur ein Wort, um den schrecklichen Schmerz auszudrücken, wenn ich es nicht gesehen hätte. Inmitten all des zerschlagenen, blutenden, zerschmetterten Fleisches und Knochens zeigte sich der menschliche Geist in dieser Nacht als etwas ganz Großartiges. Der Empfangsraum war schließlich bis zum Überlaufen gefüllt und konnte nicht geleert werden. Alle Stationen, Dachböden und Zelte waren überfüllt. Als die andere Station besetzt war, hatten die beiden dreitausend Mann aufgenommen. Sie blieben eine Woche bei uns, weil die Lazarettzüge hinter Loos zu voll waren, um uns entgegenzukommen. Jeden Tag musste jeder Mann seine Wunden versorgen lassen. Einige waren mit Wunden übersät; viele der Wunden waren gefährlich, alle schmerzten; und Gasbrand, den der Chirurg so hasst, mussten immer wieder bekämpft werden. Das siebenköpfige medizinische Personal arbeitete Tag für Tag und Nacht für Nacht geschickt, zärtlich und rücksichtslos. Es gab auch sehr viele Operationen und zahlreiche schwierige kritische Entscheidungen.

Als wir zwischen den verhüllten Gestalten hervortraten, dachte ich voller Bitterkeit an den „Ruhm" des Krieges. Doch wenn es im Krieg irgendeinen Ruhm gab, dann war es dieser. Es war hier, in diesem geduldigen Leiden und Gehorsam. Diese Männer könnten sich durchaus ihrer Gebrechen rühmen. Das war echtes Heldentum, ein Geist, der sich im vorhersehbaren möglichen Ergebnis einer positiven Aktion für ein Ideal zu unglaublichen Höhen geduldiger Ausdauer erhob. Die Reaktion im Kampf ist überwältigend. Leidenschaften, die der zivilisierte Mensch einfach nicht kennt, so farblos ist seine Erfahrung mit ihnen in gewöhnlichen Tagen, werden freigesetzt, Wut und Schrecken und Entsetzen und Tötungslust. So verloren, wie es fast immer vorkommt, im Schlaf grenzenloser Erschöpfung für eine Weile auch Wunden ihre Schmerzkraft. Wer nicht schlafen konnte, wurde mit Morphium betäubt. Das Stöhnen hörte nie auf, sondern stieg und sank und stieg wieder an. Es hat mein Herz erschüttert. Wir wandten uns von den aschfahlen Gesichtern ab und gingen hinaus in das graue Morgenlicht. Alles wirkte sehr grau. Langsam zog ein Nebel aus dem trägen Lys auf, und während wir zitternd über das durchnässte Gras gingen, fragten wir uns, was sich dahinter bei Loos abspielte.

Am nächsten Nachmittag freuten wir uns alle beim Tee über die Nachricht, dass ein Mann, dem vor drei Stunden das Bein abgenommen worden war, um eine Pfennigpfeife bat. Schließlich stellte sich heraus, dass einer der Köche einen hatte. (Köche in der Armee sind eine Rasse für sich und verfügen über alle möglichen seltsamen Fähigkeiten.) Es wurde bereitwillig übergeben, und bald erklangen leise die Klänge von „Annie Laurie" aus einem Feldbett in Station VIII.

Einen Monat später bat mich der Hauptkaplan, zu einem Bataillon zu gehen. Kapläne, die den vorangegangenen Winter mit Bataillonen durchgemacht hatten, hatten keine Angst vor einem weiteren Winter, wenn frische Männer gefunden werden konnten. Ich war dankbar, dass ich gehen konnte, trotz der Freundlichkeit von allen Seiten und der Freundschaften, die man geschlossen hatte. Der teuflische Einfallsreichtum der Wunden überwältigte mich.

Mein Schützling war eine Brigade, bestehend aus einem Bataillon der Gordon Highlanders, mit der ich mich anlegen sollte. Aber am Tag meines Beitritts wurde dieses Bataillon aus der Brigade herausgenommen, und sobald die Umgruppierung abgeschlossen war, wurde ich zu einem der Bataillone der Royal Scots versetzt. Während ich bei dieser Einheit war, wurden sowohl der Kommandant als auch der Adjutant ausgewechselt. In beiden Fällen lag der Grund in der Beförderung des betreffenden Beamten.

KAPITEL V

DUMBARTONS SCHLAGZEUG

ICH

Wieder zurück!

Die Landung des britischen Expeditionskorps in den fernen Augusttagen 1914 war einer der großen Momente der Geschichte. Und Schottland hat einen besonderen Anteil an dem Stolz und der Trauer, die diesen großen Tag umgeben, denn in seinem ersten Regiment konzentrierten sich Erinnerungen an Krieg und Ausdauer, an alte Allianzen und alte Feindschaften, ohne dass es in der Geschichte eines anderen regulären Regiments eine Parallele gibt. Das älteste Regiment Europas war erneut auf dem Schlachtfeld. Das Erste oder Königliche Fußregiment, heute bekannt als The Royal Scots, marschierte auf einem Boden, der ihm durch die Erinnerungen an heroische Feldzüge heilig war, als es die steilen Straßen von Boulogne hinaufstieg. Namen, die der Welt noch unbekannt waren, lagen ihm als letzte Ruhestätten seiner Kameraden vor langer Zeit am Herzen – Namen wie Dünkirchen und Diksmuide, Furnes und Ypern, Saberne und Bar-le-Duc. Hepburns Regiment hatte um jeden Fuß des Geländes gekämpft, auf dem es nun den größten aller Feldzüge austragen sollte. Dumbartons Trommeln schlugen erneut ihren Weg durch Europa und schrieben Geschichte. Das Vertrauen von Gustav Adolf und Turenne aus Marlborough und Wellington begleitete sie als Siegesversprechen; und von den alten Royals, die staubig die gepflasterte Straße hinaufstiegen, sprachen sie den ganzen Glamour „altertümlicher Siege" aus.

Frankreich war damals ein lächelndes Land, denn die Sonne schien in den Herzen der Französinnen, als das Kriegsgerücht von den mit Spannung erwarteten britischen Kolonnen aufstieg und über die leuchtenden Augustfelder wehte. Das 2. Bataillon – das 1. befand sich noch in Indien – stapfte fröhlich seines Weges. Damals bot sich niemandem die trostlose Aussicht auf Schützengräben, die für den modernen Soldaten ein Krieg sein sollte.

II

Der erste Schock des Krieges

Mons und der 23. August sahen die Royals in Aktion. Mit anderen Bataillonen besetzten sie den Mons-Vorsprung, eigentlich den Punkt, an dem die Kriegsflut zum ersten Mal ausbrach und sich für einen kurzen Moment erschöpfte. In dieser stillen Nacht schien es zu schweben, wie es eine große Welle tut, bevor sie fällt. Als das Bataillon im flachen Graben lag, wurde die bedeutungsvolle Stille schließlich durch den hohen, klaren Ruf eines

Signalhorns unterbrochen, einen einzigen langen Ton, unbeschreiblich unheimlich und bedrohlich, und dann hörten die lauschenden Männer das Rascheln von Füßen, die sich durch das Gras bewegten mit einem stetigen, regelmäßigen, bedrohlichen Fortschritt. Die Macht Deutschlands war in Bewegung, und noch immer lag die dünne braune Linie angespannt und still, bis sie nur noch vierzig Schritte trennte. Dann, auf ein Wort hin, brach in der Linie der Royals ein Flammensturm aus, der über die Linie der vorrückenden Männer fegte, wie eine Sense durch das Korn fegt; und für die britische Infanterie hatte der große Krieg begonnen.

Mons war ein Sieg; Der deutsche Vormarsch wurde vorübergehend aufgehalten. Doch die ganze Nacht über wurden die britischen Truppen abgezogen. Es war nach fünf Uhr morgens, bevor die Royals den Befehl zum Abmarsch erhielten, und die „A"-Kompanie behauptet, die letzte der britischen Armee zu sein, die Mons verließ. Aber Le Cateau war eine andere Geschichte. Hier lernten unsere Männer, was das konzentrierte Feuer der Artillerie sein könnte. Die flachen Gräben wurden vernichtet; unsere Kanoniere, die an Gewicht und Geschützzahl hoffnungslos unterlegen waren, konnten trotz größter Tapferkeit wenig tun, um die Infanterie zu schützen; und dass die Armee überhaupt in der Lage war, sich zurückzuziehen, war ein schlagender Beweis ihrer strengen Disziplin. Audencourt war ein Trümmerhaufen. Oberst McMicking, der in der Nähe dieses Dorfes verwundet und zurückgelassen wurde, wie alle Verwundeten, die nicht gehen konnten, musste zurückgelassen werden, wurde erneut getroffen, als er aus der brennenden Kirche getragen wurde. Das Kommando wurde Major und jetzigem Brigadegeneral Duncan übertragen. Von diesem Zeitpunkt an hatten die deutschen Geschütze die Reichweite der Straßen und eine solche Feuerüberlegenheit, dass sie fast tun konnten, was sie wollten. Die Infanterie, zunächst wütend über die Notwendigkeit des Rückzugs, wandte sich – ebenso wie die Geschütze – immer wieder gegen ihre Verfolger, aber trotzdem war der Druck gefährlich nahe am Abgrund. Der Feind verfügte über alle mechanischen Transportmittel und konnte sich Zeit zum Ausruhen nehmen. Unsere Männer mussten bis zum letzten Punkt menschlicher Belastbarkeit vordringen. Es gab keine Ruhepause. Die französische Fremdenlegion hat ein düsteres Sprichwort: „Marschieren oder sterben." Hier lautete das Wort „Märsche oder werde gefangen genommen", und selbst als jedes andere bewusste Gefühl außer dem der völligen Erschöpfung tot zu sein schien, drängte sie irgendwo tief in ihrem Herzen der Wille zum Durchhalten weiter.

Gibt es keinen Maler, keinen Dichter, der die Erinnerung an diese historische Szene für künftige Generationen bewahren kann? Wir haben hier einen plötzlichen Blick auf Großbritannien von seiner schönsten Seite. Heiße Sonne, die Qual brennender Füße auf den grausamen, weißen und endlosen

Straßen, der Geruch, der Anblick und die Geräusche von Tod und Wunden, der Druck drängender Männer und die Liebe zum Leben und die schreckliche Einsamkeit der Angst – all das waren riesige Umstände; aber er konnte die Seelen der Menschen, die nach dem Bild Gottes geschaffen wurden, nicht auslöschen, um zu leiden, auszuharren und zu triumphieren. Engländer, Iren und Schotten – aber Brüder im Hass auf den Rückzug und in ihrer Entschlossenheit, weiterzumachen, bis sie umkehren und zuschlagen konnten – der Glanz großer Namen hing um all diese zerfetzten Bataillone; und das Wesentliche davon war das älteste von allen, sowohl in der Geschichte als auch in den Feldzügen, dieses berühmte Lowland-Regiment. Daran dachten sie zu dieser Zeit kaum oder gar nicht; Die bloßen physischen Fakten drängten zu stark, doch in ihrem verzweifelten Sieg über die Umstände schrieben sie die schönste Seite ihrer Geschichte und bereicherten das Blut aller, die ihnen folgten.

Man kann im Krieg einen gewissen Humor finden, wenn man danach sucht, obwohl der Krieg nicht amüsant ist und das Leben zu Hause viel mehr unterhaltsame Ereignisse zu bieten hat als das Leben an der Front. Ein Offizier der Royals schlief auf dem Höhepunkt eines schrecklichen Bombardements tief und fest in einem Schützengraben ein und erwachte, als er allein unter den Toten aufwachte. (Er bringt uns zum Lachen, wenn er die Geschichte erzählt, aber zu diesem Zeitpunkt kann es nicht nur sehr humorvoll gewesen sein.) Er folgte der sich zurückziehenden Armee, und zwar – aufgrund des Fehlers eines Offiziers an einer Kreuzung, der da stand und sagte „Dritte Division rechts, So-und-so-Division links", obwohl es umgekehrt hätte sein sollen – er verirrte sich und fand das Bataillon vierzehn Tage später. Zwei andere kamen gerade in Sichtweite der letzten Brücke an einem Fluss, als der Sprengstoff explodieren sollte, und behaupten, sie rannten wütend auf die Brücke zu und überredeten den verantwortlichen Ingenieur, den tödlichen Moment hinauszuzögern, indem sie einen großen Laib schwangen. der seltenste aller Artikel über eine sich zurückziehende Armee. Ein anderer, der vorausgeschickt worden war, um eine Unterkunft in einem Schloss zu finden, sah ein wunderschönes Badezimmer und bereitete sich darauf vor, eine unbezahlbare Gelegenheit zu nutzen, als er merkte, dass der Feind über ihm her war, und floh in Eile. Der Transportoffizier spähte um die Ecke eines Hauses und sah, wie sein geliebtes Transportmittel, das er gesammelt und gehegt hatte, bis es als das beste der Armee galt, in Streichhölzern und Eisensplittern aufstieg. Ein Unteroffizier, der sich am Boden befand, stellte zu seinem Entsetzen fest, dass er ein Loch in der Brust hatte, kämpfte sich aber tapfer weiter, mal ging er, mal stahl er sich eine Mitfahrgelegenheit auf einem Protektor – erwischte gerade den letzten Zug von allen – und kam schließlich an England ohne weitere Ausrüstungsgegenstände oder Kleidungsstücke außer einem rosafarbenen Pyjama und einer einzelnen Brille.

In Meaux waren die Türme von Paris in Sicht; Aber die Stunde hatte geschlagen, und die Royals machten endlich kehrt, um die Verfolgung aufzunehmen.

III

An der Nase des Auffälligen

Seitdem hatte das Bataillon viel durchgemacht, an der Marne, der Aisne und der Leie sowie im Stellungskrieg von Hooge bis Neuve Chapelle. Hier ist ein Bild eines Kampftages aus dem Tagebuch eines Augenzeugen – eine knappe Tatsachennotiz. Es bezieht sich auf den 25. September 1915:—

„Die Brigade formierte sich im Graben in der folgenden Reihenfolge von links nach rechts: 1. Gordons, 4. Gordons, 2. Royals, eine Kompanie Royal Scots Fusiliers." Jedes Bataillon erhielt einen separaten Angriffspunkt, nämlich Bellevarde Farm, Hooge Château, Redoubt und Sandbag Castle. Artilleriebeschuss 3.50-4.20 Uhr. ANSCHLIEßEND wird der Generalangriff gestartet. Die Kompanie „B" befand sich an der Spitze des Vorsprungs; „C" Unternehmen rechts von „B"; Firma „A" links; Kompanie „D" im Unterstand in Reserve. Um 4.20 Uhr rückte DAS Bataillon zum Angriff vor. Es herrschte völlige Stille und die Bajonette wurden abgestumpft. Die Frontlinie wurde mit wenigen Verlusten auf unserer Seite erobert und kurz darauf wurde das Endziel erfolgreich erreicht. Unsere Linie wurde konsolidiert. Einhundertsechzehn Gefangene des 172. Regiments des XV. Das preußische Korps und drei Schützengräben wurden eingenommen. Alle vier Offiziere der Kompanie „B" wurden getroffen, bevor die deutsche Frontlinie erreicht wurde. Die Berührung wurde mit RSF rechts und 4. GH links hergestellt. Auf die eroberten Schützengräben kam es zu schwerem Granatenbeschuss der Deutschen. Eine Gruppe der „D"-Kompanie versuchte, einen Kommunikationsgraben zurück zu unserer alten Frontlinie zu errichten. Die 1. Gordons konnten die deutsche Frontlinie leider nicht erreichen, da der Draht unzerstört und zu dick zum Durchtrennen war. Dadurch entstand eine Lücke zwischen dem 1. und 4. Gordons. Der Feind drängte Bomber durch und gelangte so hinter die 4. Gordons. Es kam zu verzweifelten Nahkämpfen. Die Kompanie OC „A" war gezwungen, ihre linke Flanke zu verteidigen. Das Maschinengewehr der Royals war ein deutscher Gegenangriff, der von Norden nach Süden durch CT über die Menin Road führte. Großartiges Bombardement durch schwere deutsche Panzer (HE). Die Kompanie „A" wurde angewiesen, sich an unserer alten Frontlinie zurückzuziehen, um mit der 4. GH auf der linken Seite Kontakt aufzunehmen. „B"-Unternehmen, das in Kontakt bleiben soll, wird angewiesen, dasselbe zu tun. Die „C"-Kompanie greift den Feind links hinten an, die Position wird kritisch. Jetzt ist überhaupt kein Bataillon mehr auf der linken Seite, da die 1. Gordons ihr Ziel verfehlt haben und das 4.

Bataillon aufgrund eines Flankenangriffs vor dem 1. zurückgezogen wurde. Auch rechts ist jetzt kein Bataillon. „C"-Kompanie droht umzingelt zu werden. Kapitän NS Stewart meldete persönlich die Gefahr seiner Position. Eine Kompanie der 4. Middlesex-Armee wurde – zu diesem Zeitpunkt waren alle unsere Männer aufgebraucht – an die Nase des Vorsprungs herangeführt, konnte ihn jedoch aufgrund des gewaltigen Feuersturms nicht bemannen. Die völlig abgeschnittene Kompanie „C" kämpfte sich mit dem Bajonett zurück an ihre frühere Frontlinie. Colonel Duncan organisierte die Schusslinie neu. Beide Seiten verbrachten die Nacht damit, die Verwundeten zu sammeln.

Damit endete der Eindämmungsangriff vom Ypernbogen aus. Aber ist nicht jeder Satz ein Ansporn für die Fantasie?

Zwei Tage später dankte der Korpskommandeur dem Bataillon persönlich und lobte es für „das elegante Auftreten der Männer, die *keine Anzeichen dafür zeigten, was sie durchgemacht hatten* ".

Diesem berühmten Bataillon eines großen Regiments war ich nun als einer der vier presbyterianischen Geistlichen der „kämpfenden Dritten" Division zugeteilt.

KAPITEL VI

WINTERKRIEG

ICH

Der Shell-Bereich

Der Granatenbereich ist das gesamte Land hinter den Schützengräben, das selbstverständlich von feindlichen Geschützen beschossen wird. Aus diesem Grund ist es kein angenehmer Ort, um darin herumzulaufen, und unsere eigene Artillerie, geschickt versteckt, neigt dazu, innerhalb weniger Meter um den Passanten herum unerwartet das Feuer auf eine sehr beunruhigende Weise zu eröffnen. Es ist ein trostloses Land; Eine feuchte Luft liegt darüber, eine Atmosphäre der Zerstörung und des Todes, einer fehlgeleiteten und trostlosen Menschheit. Ich erinnere mich an die beinahe Ekstase, mit der sich einige von uns eines Aprilnachmittags zwischen den violetten Hyazinthen auf dem Kemmel-Hügel befanden. Das arme Kemmel, einst ein Vergnügungsort, den glückliche Belgier ihrer Gesundheit wegen aufsuchten, ist heute weit davon entfernt – und nicht besonders gesund! Diese zerstörten Dörfer sind jetzt nur noch schmutzig; Nur Ypern behält eine ganz eigene Persönlichkeit, einen Hauch von Unbesiegtheit. Auch sie ist eine Ruine, aber im Gegensatz zu den anderen ist sie eine prächtige Ruine. An jeder Kreuzung hängen die grübelnden Kruzifixe. Dem britischen Geist gefällt diese ständige Wiederholung der Misshandlung und Niederlage durch den Tod Christi nicht. Es scheint ihr nicht die letzte Botschaft des Kreuzes zu sein. Tatsächlich ist es das Produkt des mittelalterlichen, mönchischen Geistes. Erst im zehnten Jahrhundert zeigten die Darstellungen der Kreuzigung unseren Herrn als tot; Es dauerte viel später, bis der Schwerpunkt auf Qual und Verzweiflung gelegt wurde. Einmal habe ich aus den Trümmern des Klosters in Voormezeele eine solche Darstellung des Leibes Christi gerettet, mit fehlenden Gliedmaßen und ausgestreckten gebrochenen Armen, und es schien ein Symbol zu sein. Aber das ist nicht die endgültige Wahrheit, Niederlage und Verzweiflung. Wenn dem so wäre, würden die Schreine an der Kreuzung nicht auf diese Gruppen wandernder Inselbewohner herabblicken. Und wenn Sie auf das Parados des Schießgrabens zurückblicken, über die bleiche und vernarbte Landschaft, erinnern Sie sich daran, dass dies, *wie* die Szenen der Qual in der Räumungsstation nach Loos, der klare, sichtbare Beweis dafür ist, dass Sein Geist in der Welt lebt von Männern. Aber was ist das für eine Via Dolorosa, dieser düstere Graben, der quer durch Europa gegraben wurde, mit seinen kauernden Männern hinter den Panzern der Scharfschützen. Es ist ein seltsamer Weg, den das 20. Jahrhundert beschreiten muss, um zu beweisen, dass Mitgefühl und Gerechtigkeit immer noch leben.

Der britische Soldat bewegt sich in diesem ganzen Gebiet mit einer einzigartigen *Unbekümmertheit* . Es ist nicht einfach so, dass er mutig ist. Er ist das, und zwar in höchstem Maße, und nicht zuletzt dann, wenn er große Angst hat und es nicht zeigen will und seinen Job weiterführt. Aber es steckt noch mehr drin. In ihm steckt eine Art kriegerisches Genie, das ihn dazu bringt, das Richtige auf die richtige Art und Weise zu tun, so dass er sowohl an Humor und Kameradschaft als auch an Tapferkeit appelliert. Es war einer unserer Sergeant-Majors, der vor einem Bataillonsangriff dem Mann seiner Kompanie, der als Erster im feindlichen Graben war, 5 Pfund anbot. Denken Sie einen Moment darüber nach. Er appellierte an ihren sportlichen Instinkt; er lenkte ihre Gedanken von Tod und Wunden ab und führte in dieser Nacht einen Scherz in jeden Unterstand ein; und ohne zu prahlen deutete er an, dass er als Erster über die Brüstung kommen würde. Er sorgte dafür, dass jeder Sportler im Unternehmen – und jeder britische Stammspieler nicht – alle Nerven anstrengen würde, um als Erster durchzukommen. Und das Beste am Witz war, dass er als unerschütterlicher Athlet, der er war, als Erster sich selbst überquerte! Dasselbe kann man vom Offizier sagen; Er gewinnt mehr als nur Gehorsam von seinen Männern. Ich habe hochrangige Unteroffiziere wie Kinder weinen sehen, weil ihr junger Offizier tot war.

Neben diesem Mut, Kameradschaftlichkeit und Humor gibt es oft auch eine große Portion Fatalismus. Es drückt sich auf viele Arten aus, in der Lesart von Omar Khayyam – „Der Ball ohne Frage besteht aus Ja und Nein" – zum Beispiel in der Gleichgültigkeit, die Männer so oft an den Tag legen, wenn sie aus eigener Schuld einen „bequemen Job" verlieren und Ich muss wieder an die Front gehen oder wirklich dumme Dinge tun, dumm, weil gefährlich, aber nutzlos. Ich erinnere mich, wie ich vor dem Unterstand von Kapitän Chree (der später an der Somme sein Leben ließ) im Hauptquartier des Bataillons saß und etwa fünfhundert Meter entfernt den Beschuss einer unserer 18-Pfünder-Batterien beobachtete. Die Deutschen hatten wiederholt und mit großem Munitionsaufwand danach gesucht, und an diesem Nachmittag fanden sie es wiederholt, mit sehr unangenehmen Ergebnissen. Aber natürlich gab es viele Fehler. Wenn die deutschen Granaten nicht ausreichten, explodierten sie im Feld vor der Batterie, die auf zwei Seiten von einer Straße begrenzt war. Mitten im Bombardement kam ein Soldat die Straße herab, die uns gegenüberstand, und anstatt an der Kreuzung vorbeizugehen, überquerte er das Feld, auf dem Granaten einschlugen. Er überließ die relative Sicherheit bewusst der echten Gefahr, nur um sich fünf Minuten Fußweg zu sparen. Ein anderes Mal, als ich eines Abends in der Dämmerung in der Vierstraat war, kam ein Tommy mit einer Last vorbei. An diesem Punkt wurde er müde und pflanzte es mitten auf der Kreuzung ab. Ein anderer Mann erzählte ihm, dass er sich keinen schlechteren Ort für eine Rast hätte aussuchen können, dass die Boche ständig mit Gewehren und Maschinengewehren auf der Straße feuerten, aber er konnte sich nur mit größter Mühe dazu bewegen, sich fortzubewegen. Vielleicht war in einer anderen Klasse der Soldat, den der Arzt und ich plötzlich in einem zerstörten Haus in Ypern trafen, wie er mit der ganzen Kraft eines eisenbeschlagenen Stiefels nach der Zündschnur einer nicht explodierten deutschen Granate trat. Ein Freund, die Hände in den Taschen, beobachtete das Geschehen mit großem Interesse. Er sagte, er wolle die Sicherung nur als Andenken haben, aber die würde er bald behalten und noch viel mehr. Der Arzt war ziemlich verärgert darüber, wie man so schön sagt!

Wenn ein Angriff durchgeführt oder abgewehrt wird, verwandelt die Konzentration der im Einsatz befindlichen Batterien das Land vor ihnen in einen Albtraum aus Lärm – „einen schrecklichen und unerträglichen Lärm", wie Froissart es ausdrückte. Das unaufhörliche Knallen der Geschütze macht es unmöglich, die feindlichen Granaten zu hören. Die erste Ankündigung ist ihre Ankunft. Aber die Pfleger gehen mit großem Mut hin und her. Verwundete strömen über die Straßenbahnlinie zur Umkleidekabine, und gelegentlich kommt eine Gruppe Gefangener durch. An einem Tag wie diesem sah ich Davidson und Rainie zum letzten Mal. Als die Royals aus den Unterstützungsgräben nach oben bewegt wurden, um das Bataillon abzulösen, das den Angriff auf St. Eloi durchgeführt hatte, sagte jemand zu Captain Davidson, der an der Spitze seiner Kompanie durch ein schreckliches Sperrfeuer nach oben ging: „Das." wird eine riskante Angelegenheit.' „Ja", antwortete er, „aber es geht uns nichts an, ob es riskant ist oder nicht." Mein Befehl lautet, durchzugehen.' Kurz darauf fiel er. Er war kaum zwanzig Jahre alt.

II

„Ich hasse Krieg: Deshalb kämpfe ich"

In Vlamertynghe gibt es einen Garten mit einem umgestürzten Marmorsitz neben einem umgestürzten Baum, eine Ecke, die einst nur für Verliebte geschaffen war. Ein riesiges Krümelloch füllt den größten Teil des Gartens, und die Mauer ist in einem Stück nach außen gefallen, sodass die Obstbäume mit ausgestreckten Armen in einer Reihe stehen. Auf der anderen Straßenseite liegt Kapitän Norman Stewart begraben. Aber seine Erinnerung lebt in den Herzen der Menschen weiter, und wo immer sich das 2. Bataillon um seine Kohlenbecken versammelt und in deren Schein die Geschichten der Helden des Regiments von den Veteranen an die jüngeren Männer weitergegeben werden, wird Stewart mit Ehrfurcht in Erinnerung bleiben als jemand, der die Regimentstradition nicht nur aufrechterhalten, sondern geschaffen hat.

Es handelte sich um einen Bombenanschlag, bei dem er ums Leben kam, als Abteilungen von Suffolks, Middlesex und Royal Scots unter seiner Führung den Befehl erhielten, den Feind von der Spitze des Vorsprungs zu vertreiben.

Barrikaden machten den Fortschritt angesichts des mörderischen Maschinengewehrfeuers nahezu unmöglich. Aufgrund der Verwirrung der Kämpfe konnte kein Pardon gewährt werden, und es kam zu verzweifelten Kämpfen mit Bomben, Bajonetten und Nahkampf. Schließlich wurden zehn Yards gewonnen und der Boden gefestigt.

Als Kapitän Stewart an einem Punkt des Kampfes feststellte, dass es sonst unmöglich war, voranzukommen, kletterte er auf die Spitze der Barrikade, wo er den Feind gut sehen konnte, während rundherum Granaten und Bomben explodierten und unter Maschinengewehr- und Gewehrfeuer standen. Obwohl er verwundet war, blieb er dort über zehn Minuten im Angesicht des sicheren Todes. Aus einem Eimer nach dem anderen schleuderte er Bomben auf den darunter drängenden Feind, bis ein Scharfschütze an seine Flanke kroch und dieser heldenhafte Schotte fiel.

> „Sie vergehen, sie vergehen, aber sie können nicht vergehen,
> denn *Schottland* spürt sie in seinem Blut wie Wein."

In der Nacht vor seinem Tod sagte Stewart zu einem Freund: „Ich hasse Krieg: Deshalb kämpfe ich."

III

Quartiere und Lager

Die Lager, in die das Bataillon nach jedem Rundgang durch die Schützengräben zurückkehrte, waren größtenteils außer Gefahr, abgesehen von gelegentlichen Granaten, aber erst als wir uns auf den „Rastplatz" zurückzogen, verspürten wir ein Gefühl der Freiheit, uns niederzulassen Niederlegen und Bilanz ziehen. Sowohl Colonel Duncan als auch Colonel Dyson, denen ich unzählige Freundlichkeiten zu verdanken habe, waren eifrige Disziplinaristen, und Major Everingham, der Quartiermeister, unerschütterlich und effizient, konnte wirklich fast übermenschliche Leistungen vollbringen. Ein Mann kann nur seine eigene Abteilung kennen, und in meiner zeigt sich der Standard eines Bataillons an seiner Einstellung zu religiösen Bräuchen. Ein schlechtes Bataillon findet zu viele Gefechte, um am Sonntag in irgendeiner Stärke anzutreten. Früher war ich so stolz, wie bei den alten Royals, jeder verfügbare Mann in Parade, hinter ihren Pfeifen und Trommeln aufmarschierte, wachsam, gepflegt, pünktlich in allen Nebenformen, die ein so wichtiger Beweis für den Zustand eines Bataillons sind. In Ruhequartieren machten wir uns alle an die Arbeit; Es gab Märsche und Manöver, Kinematographen und Geländeläufe, Fußballspiele und Boxwettkämpfe. Diese Männer waren unbekleidet viel schöner als in ihren Kleidern. Von wie vielen in zivilen Berufen könnte man das sagen? Das Bataillon würde umgerüstet; der große Bottich eines Brauers wurde als

Badestelle beschlagnahmt; die Dorfschule wurde jeden Abend in einen Aufenthaltsraum verwandelt; und ein Kommunikantenkurs wurde gestartet. Nicht zum ersten Mal sehnte ich mich nach einer kurzen, klaren Erklärung des Glaubens unserer Kirche. Die schwerfälligen, komplizierten Katechismen und Bekenntnisse sind großartige Denkmäler, aber unter solchen Bedingungen sind sie mehr als nutzlos. Ein *Credo*, das an eine Tafel geschrieben und als wesentliches Glaubensbekenntnis des Kirchenmitglieds bezeichnet werden könnte, das je nach Bedarf und Umständen weiterentwickelt und erweitert werden könnte, wäre in den Händen eines Geistlichen eine echte Macht. Das Verhalten der Männer in den Unterkünften – größtenteils in baufälligen Scheunen – war geradezu vorbildlich. Nur ein- oder zweimal kam es zu kleinen Zwischenfällen im Zusammenhang mit Hühnernächten, und einmal wurde mitten in der Nacht ein Spanferkel inmitten seiner Artgenossen geschlachtet. Es muss ein vorübergehender Wahnsinn gewesen sein, der den Urheber dieser Eskapade befallen hatte, denn er hatte keine Chance zu entkommen. Bei seinem Erscheinen vor dem Oberst wurde in seinem Namen vorgetragen, dass er kürzlich eine tapfere Tat vollbracht habe, aber wie jemand sagte: „Wenn jeder Mann, der eine tapfere Tat vollbrachte, erlaubt wäre, ein Schwein zu töten, gäbe es kein Schwein." in Flandern zurückgelassen.'

Es war die Reinheit der Luft und des Bodens, die den Aufenthalt in den ausgedehnten Wäldern des Pas-de-Calais so sehr unterschied von denen näher an der Grenze. Gehen Sie auf Reitwegen und Straßen ohne LKW-Verkehr, lassen Sie Ihr Pferd in voller Länge über die abgefallenen Blätter reiten und genießen Sie die lange grau-lila Aussicht auf kahle Bäume. Spüren Sie den sauberen Wind, der an Ihren Ohren vorbeipfeift, und riechen Sie die frischen Düfte Die großen Wälder zu erkunden, den blauen Rauch zu sehen, der aus einer Forsthütte aufsteigt, oder für einen Moment im Vorbeigehen einen Blick auf eine märchenhafte Szene mit auf einer Lichtung gruppierten Köhlern zu erhaschen, bedeutete, in eine andere Gedanken- und Gefühlswelt zu reisen . Mein kleines Pferd John, eines der fünf Pferde, die von denen übrig geblieben waren, die mit dem Bataillon überquerten, spürte es auch – dachte, er sei vielleicht wieder im alten England. Aber der britische Soldat hasst Manöver und Märsche sowie Übungen und Inspektionen. Er möchte lieber in seinen Schützengräben in Ruhe gelassen werden, zumindest in einem „ruhigen" Teil der Linie, als sich um diese Dinge zu kümmern. Auch Bewegung hat eine belebende Wirkung auf ihn, und wenn er den Befehl erhält, wieder in Aktion zu treten, stapft er mit bemerkenswertem Wohlwollen davon. Ich erinnere mich an ein Bataillon der Royal Welsh Fusiliers, das plötzlich aus der Ruhe kam und aus der Station gezogen wurde, wobei es ein Lied sang, dessen Refrain so etwas wie „Ai, ai!" lautete. Stimmt über ein Spiel!' aus vollem Halse. Und es ist wirklich keineswegs ein Spiel.

Wie der Colonel (sehr gemäßigt) zu sagen pflegte: „Das Leben hier draußen ist nicht nur Freude!"

An einem Novemberabend bahnte ich mir vorsichtig meinen Weg durch das Schlammlager in der Nähe von Reninghelst, und als ich die Melodie einer berühmten Hymne hörte, kam ich näher, um zuzuhören, denn Jock singt manchmal zu Hymnenmelodien, die mit Sicherheit nie in einem Gesangbuch auftauchten, und ich wollte sicherstellen, dass es die größte Hymne der englischen Sprache *war*, *die gesungen wurde*. Es war eine ruhige Nacht. Hin und wieder feuerte ein schweres Geschütz eine Patrone ab, und selten war bei einem sanften Wind, der aus den Schützengräben wehte, das Knattern eines Maschinengewehrs zu hören. Aus dem ganzen Lager erklang der gedämpfte, verwirrte Lärm einer Armee, die sich zur Nachtruhe niederließ. Einige Zelte lagen im Dunkeln, in anderen brannte eine Kerze, und hier und da glühten Kohlenbecken noch rot. Aus einem der beleuchteten Zelte kam der Gesang, jede Stimme wurde übernommen und von einer süßen, klaren Tenorstimme geleitet. Die Melodie war das alte „Kommunion", und sie waren gerade zu diesem Vers gekommen:

> „Verbiete es, Herr, dass ich mich rühme,
>
> Rette im Tod Christi, mein Gott:
>
> All die eitlen Dinge, die mich am meisten bezaubern,
>
> Ich opfere sie seinem Blut.'

Wie oft haben wir das gesungen, vielleicht gedankenlos, gemütlich zu Hause, aber diese Jungs hatten in Wahrheit die „eitlen Dinge" geopfert. Mit einem Kloß im Hals wartete ich auf die letzte Strophe:

> „Wäre das ganze Reich der Natur mein,
>
> Das wäre ein viel zu kleines Angebot;
>
> Liebe so erstaunlich, so göttlich,
>
> Fordert mein Leben, meine Seele, mein Alles.'

Kapitel VII

WIE DIE ROYALS DEN BLUFF BEHÄLTIGEN: EINE EPISODE DES GRABENKRIEGS

ICH

Warten

Anfang März fand ich mich mit einem Bataillon der Royals in einer ziemlich heruntergekommenen belgischen Stadt wieder. Sein Zentrum erregte viel Aufmerksamkeit von der feindlichen Artillerie, bot aber zwei Attraktionen, die Offiziere aus den umliegenden Divisionen anzogen. Schließlich herrschte für Männer, die es gewohnt waren, in den Schützengräben zu leben, fast eine Atmosphäre des Sabbatfriedens. Der Saal, in dem „The Fancies" den Humor des Schützengrabenlebens vor einem überaus begeisterten Publikum darbot, war Nacht für Nacht überfüllt. Mehr Lebensfreude und Genuss gibt es nirgends. Die auffallende Kameradschaftlichkeit des Soldatentums, die gemeinsame Erfahrung von Publikum und Schauspielern und die Aufgabe aller Gedanken für den Morgen vermittelten den Eindruck fröhlicher Sorglosigkeit, deren Wurzel nicht im Glück liegt, sondern in der Überzeugung, dass die Zukunft so ungewiss und die Möglichkeiten so ungewiss sind Es ist schrecklich, dass derjenige weise ist, der nur für die Stunde lebt, auch wenn die Stunde ihm das Leben entreißen könnte. Ich glaubte, den Kopf vor mir zu kennen, und als ich mich nach vorne beugte, sah ich, dass es mein Schwager war. Es kam mir immer seltsam vor, dass er, der seit anderthalb Jahren bei seiner Batterie war, und ich, der neun Monate unterwegs war, sich unter solchen Umständen wieder trafen. Ich hatte mir ein angeschlagenes Feld und viel Coolness in einem zugegebenermaßen dramatischen Moment vorgestellt – etwas im Einklang mit Stanleys „Dr. Livingstone, nehme ich an.' Es war beruhigend, es anders zu finden, aber wie Smee in *Peter Pan sagt* , war es „auch ärgerlich". Zuerst beim Blick in ein Schaufenster, jetzt in einem Konzertsaal, in all diesen Kriegsmonaten! Wir sagten: „Keine schlechte Show, oder?" „Nicht halb so schlecht." Aber es gab in diesem Krieg einige seltsame Begegnungen. Ein Privatmann unseres Bataillons entdeckte seinen Sohn, einen siebzehnjährigen Jungen, in einem neuen Wehrdienst, der gerade an die Front gekommen war. Er war von zu Hause weggelaufen und außer Sichtweite geraten. Der Vater stellte die Sache auf den richtigen Weg, indem er seinen Sohn dort und dann im vorderen Graben verprügelte!

Der Krieg war schließlich nicht mehr weit entfernt. Zwei Tage später aßen wir in dem gemütlichen, warmen Restaurant zu Mittag, das die andere Attraktion dieser langweiligen Stadt darstellt. Wir tranken unseren Kaffee, während wir das unangenehme Geräusch eintreffender Granaten hörten.

Jedes Mal, wenn eine Granate auf uns zuschrie, fiel die stämmige Dame hinter der Theke auf Hände und Knie und kam errötet und zitternd wieder heraus, nachdem jede einzelne geplatzt war. Wir waren ziemlich amüsiert; Aber als wir hinausgingen und um die Straßenecke bogen, wurde die Leiche eines Mannes, in eine braune Decke gehüllt, schnell weggetragen. Es hieß, es seien 40 Soldaten getötet und verwundet worden. Zerstreute Frauen standen in kleinen Gruppen in den Fluren der Häuser, und in den Dachrinnen war viel Blut.

Nur ein Land, in das der Feind einmarschiert, trinkt den Kelch des Krieges bis zum Rand aus, aber der schmale Gürtel ein paar Meilen hinter den Schützengräben der befreundeten Armee erfreut sich großen Wohlstands. Die Liebe zur Heimat oder die Liebe zum Geld hält die Bevölkerung vielerorts dort, wo sie besser aufgehoben wäre. An einem schönen Frühlingstag suchte ich Schutz hinter einem Bauernhaus in der Gegend von Hallebast-Vierstraat, bis der Granatenbeschuss auf dem Weg vor mir nachgelassen hatte. Die Bäuerin kam heraus und wir kamen ins Gespräch. Eine Erhebung im Boden bot etwas Schutz vor den deutschen Linien, aber sie erzählte mir, dass jede Bewegung zu Pferd sofort mit Pfiffen beschossen wurde. Am Tag zuvor waren alle ihre Kühe durch Granatenbeschuss auf der Koppel hinter dem Bauernhaus getötet worden, aber wenn sie und ihr älterer Mann ihr Land nicht mehr bewirtschaften ließen, wie sollten sie dann leben, und wenn sie gingen, wohin sollten sie gehen? ? Als hochexplosive Sprengstoffe große Löcher in ihr gesätes Land rissen, füllten sie die Löcher einfach zu und pflügten und besäten das Gelände erneut. Die anhaltende Traurigkeit in ihrem Gesicht und ihrer Stimme verfolgt mich immer noch. Andere hingegen bleiben in Gefahr, weil sie so viel Geld verdienen. Mehrere Ladenbesitzer in dieser Stadt gaben zu, dass sie noch nie einen solchen Wohlstand erlebt hatten. Die Estaminets machen enorme Gewinne mit dem Verkauf von sehr schwachem Bier. Einem meiner Freunde wurde gesagt, er solle zum Zahlmeister zurückkehren und kleinere Beträge auszahlen lassen, nachdem er die Bataillonsgehälter in zu großen Scheinen bezogen hatte. Er fand das Büro geschlossen und ging in einen kleinen Dorfladen, um zu sehen, ob sie einen Teil davon ändern könnten. Zu seinem Erstaunen veränderten sie alles von der Kasse an. Der Gesamtbetrag betrug zehntausend Franken. Aber wie viele Belgier haben alles verloren?
Unsere Unterkünfte waren sauber und sehr luftig. Obwohl alle Möbel entfernt worden waren, waren die Pressschränke, die alle geöffnet waren, aus irgendeinem Grund voller wunderschöner Bett- und Tischwäsche. Es war sehr verlockend, aber zum Glück haben wir der Versuchung widerstanden. Am Morgen nach unserer Ankunft, gegen sieben Uhr, kam es unten zu Unruhen. Wütende Frauenstimmen waren im Streit mit den Dienern zu hören, auf der Treppe waren eilige Schritte zu hören, und einen Moment später wurde unsere Tür gewaltsam aufgestoßen. Zwei stramme Belgierinnen

kamen herein und verlangten Antworten auf viele Fragen. Wir folgten dem Plan unseres Freundes, des Majors, und täuschten vor, noch weniger Französisch zu können als wir. Wir waren darauf bedacht, möglichst harmlos zu sein, während wir auf dem Boden lagen und zusahen, wie diese entschlossenen Personen die Kommoden und Kleiderschränke öffneten. Drinnen lag das Leinen unberührt, ordentlich gefaltet; Wir waren dankbar, dass wir es so belassen hatten. Sie machten sich erneut auf den Weg und wir hörten nebenan die protestierende Stimme des Colonels. Der Arzt und ich sahen uns an. Er schien ziemlich blass zu sein, und ich bemerkte zum ersten Mal, dass sein Kopf auf einem riesigen weichen Kissen ruhte, das mit einem makellosen Leinenkissenbezug bedeckt war, der mit wunderschöner Spitze eingefasst war.

Doch am nächsten Morgen erlebten wir ein ganz anderes Erwachen. Von Osten her dämmerte die Morgendämmerung fahl und erwartete einen weiteren Tag auf dem Salient. Die zerbrochenen Fenster klapperten und der Boden bebte unter dem dumpfen, anhaltenden Aufprall eines konzentrierten Bombardements. Wir lagen da und hörten zu und hassten zum tausendsten Mal den Krieg. Wir wussten, dass Männer, von denen wir einige kannten und liebten, über die Brüstung gingen und viele nie wieder zurückkehrten.

In dieser Nacht, als die Dämmerung hereinbrach, blickte der alte Kirchturm mit seiner zerrissenen Seite auf die gepflasterten Straßen herab, auf denen sich geordnete Reihen von Männern drängten, die bereit zum Abmarsch standen. Hier und da unterhielten sich ein paar Beamte miteinander, oder ein Mann zündete seinen Kumpel mit seiner Kippe an, oder die Gurte wurden festgezogen. Ein Gewehrkolben ertönte auf dem Bürgersteig, und das Pferd des Adjutanten bewegte seine Füße unruhig. Diese Männer machten sich keine Illusionen darüber, was ihnen wahrscheinlich bevorstehen würde; Aber niemand ahnte, dass die schrecklichste körperliche Belastbarkeitsprobe bevorstand, die das alte Bataillon seit dem großen Rückzug je erlebt hatte.

II

Der Bluff

Was passiert war, war Folgendes. Bald nachdem unsere Division in den Rastplatz zurückverlegt worden war, wurde ein Teil der von ihr gehaltenen Linie stark angegriffen und ging an den Feind verloren. Mehrere Gegenangriffe scheiterten, und schließlich wurde unsere eigene Division aus der Ruhephase zurückgeholt, um die verlorenen Schützengräben zurückzuerobern. Eine Brigade griff mit großem Elan und Erfolg an. Die verlorenen Schützengräben wurden wieder besetzt, und unsere eigene Brigade, die zur Unterstützung dagelegen hatte, erhielt den Befehl, sie zu übernehmen und gegen die erwarteten Gegenangriffe zu halten. Der Bluff, der das Hauptmerkmal der Stellung und den schlimmsten Teil darstellte, den die Royals als oberstes Bataillon zu halten hatten, war ein niedriger Hügel, der südöstlich von Ypern am Wiedereintritt in den Salient hervorragte . Es handelte sich um eine starke taktische Stellung, die die Zugänge zu unseren Schützengräben beherrschte, wie der Feind wohl wusste. Von unserer Frontlinie weiter südlich aus gesehen hatte es das tote, trostlose Aussehen aller stark beschossenen Gebiete. Von hochexplosiven Sprengstoffen übersät, durch Gas- und Granatendämpfe gelb verbrannt und aller Lebewesen beraubt, mit spärlich verstreuten, geschwärzten Baumstümpfen auf dem Gipfel dominierte dieser schlammige Hügel das flache Land und an dem sonnigen Morgen, als ich ihn zum ersten Mal sah es schien unbeschreiblich unheimlich und bedrohlich. Es sagte zu mir: „Ich bin der Krieg, der Widersacher von allem, was rein und schön ist, von allem, was frisch und jung ist: Elend von Geist und Körper, Qual der freundlichen Erde und all ihrer kleinen wachsenden Dinge, Liebhaber von allem, was faul und tot ist." '

III

„Wir haben den Ruf der alten Mafia auf jeden Fall aufrechterhalten."

In dieser Nacht änderte sich plötzlich das Wetter. Es lag ein Hauch von Frühling in der Luft, aber nach einer Stunde wurde dieser von einem bitteren Nordwind verwischt, der die kahlen Felder mit eisigem Regen und Schnee überschwemmte. Der Transport, der im schmutzigen Sumpf der „Scottish Lines" stationiert war, erlebte, wie seine dreiwöchige Arbeit in ein paar Nächten vergeudet wurde. Für die Menschen gab es ein paar Zelte und Hütten, aber angesichts des scharfen Windes wirkten die Planen ziemlich durchlässig, und die Hütten waren schlecht gebaut und hatten hundert Öffnungen, die in die bittere Luft führten. Aber oben am Bluff waren die Bedingungen schrecklich. Die Schützengräben waren unter wiederholten Bombardierungen verschwunden und zu bloßen Ketten von Granattrichtern geworden, in denen die Männer bis zu den Oberschenkeln im flüssigen Schlamm standen. Als der Kommandeur eintraf, um den Unterstand des Hauptquartiers zu übernehmen, stellte er fest, dass dieser völlig zerstört war. Darin lagen die Leichen der vorherigen Bewohner – vier Offiziere. Endlich wurde ein weiterer Unterstand gefunden. Es lag tief in einer Böschung am Ende eines schmalen, zwanzig Fuß langen Durchgangs. Darin befand sich eine Kammer mit einer Länge von sechs Fuß, einer Breite von vier Fuß und einer Höhe von vier Fuß, und an diesem Ort, der einem Grab so schrecklich ähnelte, lebten der Kommandeur, der Stellvertreter und der Adjutant drei Tage und vier Nächte. Eine Kerze spendete Licht, und jedes Mal, wenn eine Granate darüber explodierte, erlosch die Flamme. Der Sergeant-Major sowie die Sanitäter und Diener lebten im Tunnel und hockten auf ihren Hüften im Schlamm. Draußen gab es überhaupt keine anderen Unterstände. Der Beschuss dauerte ununterbrochen, aber die Kälte war noch viel schlimmer.

Männer versanken im Schlamm und blieben stundenlang regungslos. Viele fielen in Granattrichter und mussten mit verdrehten Telefonkabeln herausgezogen werden. Die Verwundeten litten schrecklich. Aufgrund des Schlamms und des deutschen Sperrfeuers konnten keine Vorräte heraufgebracht werden und es war unmöglich, Kohlenbecken anzuzünden. In der vierten Nacht kam Ablösung, aber es war schon hell, als sich die letzte Kompanie aus ihren Schlammlöchern saugte und vor den Augen des Feindes zurückwatete. Glücklicherweise fegte ein blendender Schneesturm aus dem Norden herab und verdeckte jede Bewegung, gerade als es sicher schien, dass eine Katastrophe eintreten würde. Jedes verfügbare Fahrzeug wurde dem Bataillon entgegengeschickt, aber es war ein langer Fußweg, bis sie erreicht werden konnten. Die Männer krochen auf durchnässten, geschwollenen Füßen dahin – Gummistiefel waren nicht zu bekommen gewesen. Sie kamen in Gruppen, mal zu zweit oder zu dritt, mal zu sechst oder siebent oder einer nach dem anderen. Sie waren gebeugt wie alte Männer und schwankten beim Gehen, ihre Gesichter waren grau und starr. Das Schrecklichste von allem war die völlige Stille. Schnee dämpfte die schleichenden Füße; es lag dicht auf den Ruinenmassen der zerstörten, leeren Dörfer; und als die Begrüßung des Brigademajors erklang, zuckten die Männer zusammen und blickten ängstlich angesichts des plötzlichen Geräusches. Doch als ich mit irgendjemandem sprach, während sie durch den Schnee über den Punkt hinausstolperten, zu dem ich gegangen war, um sie zu treffen, flackerte für einen Moment das Leben aus den Tiefen dieser letzten Erschöpfung auf. „Welchen Preis Charlie Chaplin jetzt, Sir!" sagte ein Mann, dessen schwankende Schritte ihn hierhin und dorthin führten. Und ein anderer fasste in einfachen Worten den heroischen, einfachen Geist von allen zusammen: „Nun, wir haben auf jeden Fall den Ruf des alten Mobs aufrechterhalten." Unbezwingbare Männer! Wer könnte dich jemals besiegen?

Ruhe bedeutete Zeltbretter unter gefrorenem Segeltuch, aber es war Ruhe. An diesem müden Morgen wirkten selbst die wenig einladenden Umrisse des Dorfes Reninghelst wie ein Zuhause.

KAPITEL VIII

DAS HISTORISCHE DREIECK

Solange große Taten die britische Rasse ansprechen, werden diese anstrengenden Meilen sicherlich immer heilig sein. In ihnen liegen die zahllosen britischen Toten, „die lieben, erbärmlichen, erhabenen Toten". Kameraden der unerschrockenen Krieger von Gallipoli, Kameraden der Seeleute, die im Kampf in den kalten Gewässern der Nordsee untergegangen sind, Brüder aller tapferen Männer, die für eine saubere Sache leiden, sie überlassen die Angelegenheit uns. Solange das britische Empire besteht, und es wird bestehen bleiben, solange es für Gott arbeitet und nicht länger, wird die Erinnerung an die Helden des Ypern-Gebirges lebendig und leuchten.

„Ich hasse Krieg, deshalb kämpfe ich", sagte einer von ihnen. Sie kämpften nicht nur für ihr Land, sondern weil sie glaubten, den Krieg selbst zu führen. Wir werden ihrem Andenken nicht treu bleiben, wenn wir uns nicht daran erinnern. „Sklaverei wird es immer geben", sagten die Verteidiger der Sklaverei. „Es ist unmöglich, diese Dinge zu verhindern, da die menschliche Natur so ist, wie sie ist", sagten andere über Schulen wie Dotheboys Hall. Vor einiger Zeit waren England und Schottland einander an die Gurgel gegangen; Kurz zuvor fiel dieser Clan mit rachsüchtiger Wut über einen Clan her. Wenn wir Deutschland besiegt haben, das für den alten, faulen, heidnischen Glauben an alte, faule, heidnische Dinge steht, müssen wir dafür sorgen, dass wir die Männer nicht verraten, die im Kampf starben, weil sie den Krieg hassten.

Aber der Krieg hat auch etwas Gutes, sagen sie. Ja, und trotz ihres abscheulichen Unrechts hatte die Sklaverei zweifellos etwas Gutes, ebenso wie Krebs oder Blindheit. Fast jedes Übel oder jede Qual kann die Wurzel edler Eigenschaften sein, und der Krieg ist da keine Ausnahme.

Diese Männer starben in der Hoffnung, dass es für eine zivilisierte Nation unmöglich sein würde, der Menschheit dieses Übel noch einmal aufzudrängen. Sie starben im Vertrauen darauf, dass Europa nicht noch einmal die Alternative wählen müsste, sich in eine solche Qual zu begeben oder seine Ehre gegenüber Gott zu vergessen. Gewalt, so scheint es, muss noch lange das letzte Mittel bleiben, aber könnte es sich dabei nicht um Gewalt handeln, die auf einem Drehpunkt ruht und mit Wirkung überall dort zuschlägt, wo internationale Kriminalität den Frieden der Nationen stören will? Das bloße Wissen um eine solche gemeinsame Entschlossenheit wäre zumindest eine starke Überzeugungskraft. Das ist vielleicht nur ein Traum. Die unmittelbare Tatsache ist, dass zunächst die Doktrin des Willens zur Macht zerschlagen werden muss, wie sie heute von Deutschland und seinen Betrügern vertreten wird. Aber Menschen, die den Schmelzofen durchgemacht haben, werden sich nicht mit weniger zufrieden geben als mit dem feierlichen Versuch, im Namen der Toten die Nationen der Welt in ein würdigeres Verhältnis zueinander zu bringen, als es bisher gelungen ist. Unsere gefallenen Brüder starben in der Hoffnung, dass das Leben der nachfolgenden Generationen anders sein würde. Sie starben in dem Glauben, dass es aufgrund ihres Opfers möglich sein könnte, den deutschen (oder jeden anderen) Willen zur Macht durch den christlichen Willen zum gerechten Frieden zu ersetzen. Allein diese Anstrengung kann ihr würdiges Denkmal sein.

www.ingramcontent.com/pod-product-compliance
Lightning Source LLC
LaVergne TN
LVHW041800190726
843493LV00008B/2720